THE
COMPLETE GUIDE
TO
Astrology

占星學全指引

了解你的星座與星盤，初學與進階必備案頭書

Understanding Yourself, Your Signs, and Your Birth Chart

露易絲‧愛丁頓 Louise Edington 著

Jade 譯

我要將這本書獻給我的朋友凱倫‧克勞奇克（Karen Krawczyk），是她在一九八九那一年，促使我踏上了占星師之路。

目錄

第二部 了解你的本命星盤

第三部 太陽星座之工作與愛情

第四部 關鍵要點與補充資訊

第十三章　總結 · 221

前言

本書是為每一個人所寫，從初學者到進階占星師。在本書裡，我盡力用詳盡且容易理解的方式，將海量的占星資訊涵納進來。

我把星盤視為潛力與可能性的藍圖，你絕不會聽到我說任何一個象徵或配置是絕對的好或壞，我相信總是可以找到一個方法，透過各種挑戰或阻礙去成長、進化與調整，本書是從這樣的觀點出發的。我們每個人都有細微差異，也都能夠有意識地按照我們的宇宙藍圖航行。我不會說靈性至上，也就是說，我不會用靈性修練來迴避那些未解決的問題或傷口，我寧願堅定地看著它們，去思考要如何療癒或整合那些陰影，而非避而不談。

現在，我邀請你以不同的方式來看「性別」這個主題。

傳統上，占星語言是二元性的，使用「男性／女性」、「陽性／陰性」的標籤，然而，每一顆行星與星座都包含在我們的出生星盤內，因此，我們每個人之中都具備這些特質。星盤不會標示出性別，本書也不會。我聚焦在全人與個人性格上，完全移除二元標籤。本書的內容會為你建立扎實的占星學關鍵基礎，並且以一種截然不同的方式去理解占星語言，理解到這些行星與星座具有非二元性的內在本質。

整本書中，我使用「日」與「夜」來分別取代陽性／男性與陰性／女性，因為這兩個詞較不受限。這兩個詞是古代使用的概念，等同於廣義的陽性與陰性。我會在第一章裡進一步說明。我想要感謝占星師傑森・霍利（Jason Holley），是他將這個概念介紹給我，也要感謝羅伯特・漢德（Robert Hand）與布萊恩・克拉克（Brian Clark）的作品，幫助我擴展這個概念。

日與夜的概念，使我們可以用更人性化的方式，去理解靈魂的內在風景。因此，雖然這是本幫助你解讀自己星盤的指導手冊，但是，也要求你更徹底且非二元性地去理解占星語言。

我一直熱愛占星學，我還留有一些十幾歲年輕時描述太陽星座特質的筆記。在我二十九歲太陽回歸（當行運太陽回到出生時，本命盤上的太陽所在位置時）後，我才發現了我所謂「真正的」占星學。那時候，有個朋友為我解讀星盤，給了我一些書，令我就此沉迷其中。那年是一九八九年。

我狼吞虎嚥地閱讀這些書，自己學會了如何手繪本命盤，買了更多書，狂啃更多書，訂閱雜誌，在我朋友與他們的孩子身上做練習。然後我步入婚姻，有了小孩，對占星學的狂熱消失了幾年，不過，我並沒有失去對占星學的迷戀。

二〇一二年十月，在幾個大陸洲際之間搬遷兩次（從英國搬到澳洲，再搬到美國），那時候我的孩子是十五歲與十三歲，我擔任諮商工作，那時候，我領悟到，我的天職就是要從事專業占星師的工作。我與許多老師一對一做解讀，上許多課程來磨練這門藝術，在幾個月內，我開始以占星師的身分工作。我到

今天還是會去上課，因為占星學非常美好豐盛，就像一個永遠沒有盡頭的兔子洞，總是可以發現更多東西。

我現在已經做過上千次解讀，也開過課，幾乎每天在寫占星學文章。二〇一八年，我出版了第一本書《現代占星學：掌握你的星星，發現你的靈魂真實目的》，這是本專為個人成長所寫的工具書。我同時也是一位薩滿與社會運動者。

我是一個太陽射手座，有星群在十一宮與十二宮射手座裡，上升也是射手座，月亮在雙子座的人。這些資訊就可以讓已經懂占星基礎知識的人，知道我是一個作家、一位老師，並且深受社會正義與政治議題的吸引，這一切都會帶進我的工作中。

本書是為了那些想要讓自己的占星學研究，以一種具有包容性的方式提升到另一層次的人所寫。

本書是獻給每一個人的，歡迎加入。

第一部
占星學積木

在第一部中，我們會簡單的審視占星學歷史、現代占星學所處的位置，以及如何以一種新的方式，來看占星學語言。我們也會包含某些星盤的基本積木塊，以及如何開始解讀你自己的星盤。

第一章
占星學基礎

千年以來，占星學一直被用來預測事件。直到最近，人們開始將占星學作為個人發展與成長的工具，從他們的個人模式、受限的信仰與可能性中尋找洞見。

占星可以幫助我們與大自然的元素與週期共存，為每一件事情選擇最佳時間，從農事到關係、工作……並且加進心理探索與過去世的功課。占星有助於療癒我們與宇宙自然循環之間的斷裂，使我們與宇宙循環和諧共存，就像宇宙循環在我們內在運作一樣。

在最高的層次上，占星學是一種將我們每個人帶入與宇宙更高靈性連結的工具，幫助我們做出有意識的選擇，活出最高潛能。

我理解意識的方式，是人本的以及心理學的，而內在風景則是我的焦點。我們每個人都擁有每一顆行星與星座，在我們靈魂意識中運作。迄今為止，占星語言還沒有充分表達出所有的靈魂意識。時代正在改變，占星語言必須表達出這些概念。

為什麼占星學會準確？這是一則永恆的提問。我的回答是，占星學根據的是千年來的觀察，即使占星學在某些時期式微了，

但是人性總是會回到占星學的研究上，因為有技巧地解讀宇宙的變遷，會為我們的生命意義與生命週期提供答案。

☽ 什麼是占星學？

占星學是門古老的科學，藉由觀察行星長期以來的週期與移動，記錄下因宇宙變化而觸發的模式與事件。

如同月亮週期清楚影響著地球的潮汐、經期與其他生物韻律的週期、我們的情緒能量、其他宇宙星體、發光體、行星、小行星，也超越了我們內在的工作。宇宙中的一切事物彼此連結，這是占星師知之已久的事實，現在已經被量子力學的科學家承認。量子力學認為，每個原子都影響著其他原子。在量子物理學中，一切都是由波與粒子所組成，根據糾纏理論而運作，這個理論認為**沒有任何一個粒子是完全獨立的，簡而言之，一切都在這個宇宙中一起運作，宇宙星體的移動，也活化了我們內在以及自然世界的能量。**

換句話說，我們與整個宇宙糾纏在一起。所有能量都交織著行星魔法與科學的複雜之舞，占星學語言則為這支舞作解說。

占星學的起源要回溯至數千年以前。考古學家已經發現證據，像是洞穴壁畫標示出月亮週期，證明人類從最早的時期就在追蹤月亮週期。某些證據的日期可以遠溯到西元前三萬年。

人們常說占星學是根據曆學系統，但是，我認為曆學系統是根

據宇宙星體的移動。最早的曆法是根據太陽、恆星天狼星的移動（埃及曆法）或月亮的移動（希臘曆法）。

換句話說，人類先目擊行星的週期並加以記錄，然後，曆法系統才從宇宙的移動中產生。這意味著占星學才是我們一切生活的源頭。

占星學歷經數千年的進化，產生各種不同的占星學系統，包括（但不限於）吠陀占星學（Vedic，也稱 Jyotish Vidya 或 Hindi），這個系統是根據恆星黃道，而不是西方占星學使用的回歸黃道；中國占星術則是根據十二年週期；希臘占星術則是從西元前一世紀到西元七世紀的傳統占星學，目前正開始復興；最後是現代的西方占星學，也是我所學習的占星學，根據的是回歸黃道。西方占星學源自托勒密與巴比倫占星學，採用較多心理學與具有啟發性的方式。

在占星學歷史中的關鍵人物包括托勒密（Ptolemy，西元第二世紀），他著有一本重要的占星書——《占星四書》（Tetrabiblos）；卡爾・榮格（Carl Jung）是心理學領域中使用占星學的先驅；艾倫・里歐（Alan Leo）常被稱為現代占星學之父；以及我個人喜歡的其中一位占星師丹恩・魯海爾（Dane Rudhyar）他創造了「人文占星學（Humanistic Astrology）」這個詞，並協助開拓了現代占星學。

這本書根據的是現代西方傳統，無論如何，所有的傳統都是有效的，只是方法不同，某些比較偏重預測，比如吠陀占星學，某些則採取更多個人成長或理學上的方法。

現代西方占星學主要根據特定的時間、日期與地點，作出一張圖或天宮圖，使用的是回歸黃道，那是根據地球與太陽之間的象徵性關係而產生。回歸黃道將黃道分成十二等分，每個等分三十度（即為星座），並且以季節為導向，黃道開始於春分，這時候太陽移動進入牡羊座。黃道是一條想像的線或平面，標示出太陽每年在天空行走的路徑，並產生蝕的現象。

◑ 占星學的歷史源頭

先不論早期洞穴與骨頭畫上追蹤月亮週期的證據，有紀錄的占星學歷史真正開始於六千年前，美索布達米亞的蘇美人注意到星空的移動，以及吠陀占星學至少在五千年前的印度就開始出現。

從大約西元前二千四百年～三三一年，巴比倫的迦勒底人創造出黃道輪搭配行星，十二宮則代表著生活與發展的領域。

在亞歷山大大帝征服巴比倫之後，希臘人進一步發展占星學，賦予行星與星座現代的名字。西元一四○年，托勒密出版的《占星四書》，裡面包含了行星、宮位、相位與軸點，所有現代占星師到現在還在使用他所提及的這些技術。

占星學的研究與使用，在西方經歷了數個世紀的興衰，但是，蓬勃發展於中世紀，當時占星學是數學、天文學與醫學世界的一部分，而且最古老的學院裡還有教授占星學。

當教會掌握權力，占星學開始衰退。在理性主義時代，包括十七與十八世紀的新教改革運動，都開始宣揚理性，後來只把占星學視為一種娛樂而抱持懷疑態度。因此，占星學不再受到歡迎，直到十九世紀晚期才復興。

◑ 占星學的現況

如我們所知，西方占星學是在十九世紀晚期開始復興。通常我們把世人開始對占星學重新產生興趣，以及作為一名神智學者，開發出更靈性與神祕學的理解等等狀況，歸功於艾倫‧里歐。神智學是根據神祕學洞見，教授關於神與這個世界的學問。艾倫‧里歐以占星師的身分，將業力與轉世的概念，帶進他的作品中，並且開始脫離以事件為導向的占星學，進入性格分析。

另一位神智學者，丹恩‧魯海爾也參與了這次的復興。他真正開始了心理學的占星方式，並且創造了這個詞「人文占星學」。魯海爾的作品主要根據神智學與東方哲學，他受到心理學家卡爾‧榮格的影響。魯海爾的作品是許多在一九六○與一九七○年代發展的現代占星學的基礎。

大部分現代西方占星學聚焦於心理學與人文，不過，目前某些更古老的技術以及預測技術正在復興，特別是在較年輕的占星師之間。

行星與星座的性別分類，在現代占星世界裡是一個問題。陰性

主要被認定為是被動的、接受性的、虛弱的、黑暗的與具有破壞性的；而陽性被認為是有力量的、行動導向、光的、積極的與主控的，在這當中並不考慮其他性別。行星的名字來自羅馬與希臘的眾神，在本質上這是絕對的重男輕女。

主要的星體中，只有月亮與金星被指定為陰性。在許多較古老的文化中，這都不是真的，許多文化是以不同的方式在看待這些行星。例如，在古老文化中，有很多太陽女神，月亮常常被視為是精子，相對的，太陽則是卵子。在本書中，我移除了這些二元性的定義，因為我們都是太陽與月亮以及其他星體，每一個星體都有強大與虛弱，並不是特定性別才有。

在這裡，我們做了整合與擴展，將古老的希臘占星技術中的所謂日夜區分（Sect）整合進來，也就是把行星定義為日間行星（Diurnal Planet）與夜間行星（Nocturnal Planet）。在這個系統裡，太陽、木星與土星是日間行星；金星、火星與月亮是夜間行星；水星則是連接兩者之間的橋樑。在某些當前占星師的脈絡中，去創造出一個更有包容性與非二元性的占星學語言，我們會使用「日間」與「夜間」這兩個詞。這些講法是有道理的，因為日與夜是眼睛可見的，日更偏「陽」或「外向」，夜則是更「陰」或「內向」。就如在占星學表格那個章節裡的行星表上清楚顯示，五顆個人行星：水星、金星、火星、木星與土星，全部都同時有日與夜的品質，端視其傳統主管星的星座能量而定。這樣增加了更深的解釋，讓我們遠離一直使用至今固有的父權制與二元性的占星語言。

太陽系是一個活的、會呼吸且有脈動的有機體，會吸氣（日

間）與吐氣（夜間），許多行星、星座、宮位與相位，都有日間／吸氣能量或夜間／吐氣能量，有時候兩者都有。我把日間連結到吸氣的能量，是因為我們吸入生命的呼吸，給我們自己那一天外出的能量。在夜間，我們釋放或是吐氣，使我們充電。這反映了在每個活著的有機體以及每個人體內所存在的太陽系量子糾纏。

擁護占星學的名人

歷史上，占星學曾經受到領導者、統治者與其他名人的歡迎。在中世紀，天主教教宗曾對占星學有興趣，曾依賴占星師的預測與建議，決定加冕的時間，也幫助他們做重要的決定。

查理五世（Charles V）在巴黎為占星師建立一所學院。眾所周知，法國皇后凱瑟琳‧德‧麥蒂奇（Catherine de Medicis）曾諮詢過諾斯特拉達姆斯（Nostradamus）。前美國總統夫婦隆納與南西‧雷根（Ronald and Nancy Reagan）常常諮詢占星師。

摩根大通集團的摩根（J.P. Morgan）是做重要商業決定時，會去參考占星學的許多領導者之一，他曾說過一句法庭證詞：「百萬富翁沒有占星師，億萬富翁才有。」另外，前美國財政部長唐諾‧雷根（Donald Regan）曾經說過：「這已經是普通常識了，華爾街經紀人有極高百分比的人會使用占星學。」其他已知會去找占星師諮商的名人與公眾人物包括女神卡卡（Lady Gaga）、瑪丹娜（Madonna）、亞伯特‧愛因斯坦（Albert Einstein）以及西奧多‧羅斯福（Theodore Roosevelt）。

第二章
四元素與三態

在 這一章，我會探討三態 —— 本位（Cardinal）、固定（Fixed）與變動（Mutable），以及四個主要元素 —— 火（Fire）、土（Earth）、風（Air）與水（Water）。

三態是指星座的品質或運作方式。三態中的每一態都包含四個星座，每個星座隸屬於一個元素。四元素分別代表一種特色：火代表精神、水代表情緒、風代表心智以及土代表身體。

黃道就像宇宙本身，由四種元素組成，在占星學中，代表一個人內在典型的特色。就像發光體、行星、小行星與其他宇宙星體與我們偕同運作，元素也一樣。元素彼此之間也和諧運作，因此，請注意每個人內在，都包含所有元素。

每一種元素與黃道上的三個星座連結，星盤上的主要元素清楚指出一個人會如何反應、回應與行動。光是分析星盤上的元素平衡，就能夠說出很多這個人的主要特點。

牡羊座是本位星座火象
金牛座是固定星座土象。

雙子座是變動星座風象。

巨蟹座是本位星座水象。

獅子座是固定星座火象。

處女座是變動星座土象。

天秤座是本位星座風象。

天蠍座是固定星座水象。

射手座是變動星座火象。

摩羯座是本位星座土象。

水瓶座是固定星座風象。

雙魚座是變動星座水象。

將元素與三態混合，會讓我們得到更多有關該人主要特徵的資訊。例如，雙子座是變動星座風象，因此該人可能非常具變動性；天秤座是本位星座風象，此人可能比較會想到一些新點子。

❍ 本位星座（Cardinal modality）

三態中的第一個是本位星座，他所連結的四個星座，都位於自然黃道帶每個四分之一象限（quadrant）的第一個星座：牡羊座、巨蟹座、天秤座與摩羯座。牡羊座與天秤座是日間（或吸氣）星座，巨蟹座與摩羯座則是夜間（或吐氣）星座。

三態代表星座運作的基本方式，四個本位星座全都具有啟動能量，展開新的季節或是人生階段，因此，反映在本質上，本位星座喜歡開始新的計畫，是黃道上的先鋒，但是可能缺乏持續的力量使想法或計畫開花結果。

☽ 固定星座（Fixed modality）

三態中的第二個是固定星座，與自然黃道帶每個四分之一象限的中間那個星座連結：金牛座、獅子座、天蠍座與水瓶座。這裡一樣有兩個夜間（或吐氣）星座——金牛座與天蠍座，以及兩個日間（或吸氣）星座——獅子座與水瓶座。

固定星座是說到做到的星座。他們的行為基本方式堅守在本位星座所啟動之處，他們具有持續的力量，去執行本位星座所發起的專案、計畫與想法。固定星座喜歡持續性，不喜歡變動。但是人生與宇宙是持續移動的，那會帶我們前往第三態。

☽ 變動星座（Mutable modality）

三態中的第三個是變動星座，連結著四個黃道帶每個四分之一象限的最後一個星座，將會帶我們進入下一個開始：雙子座、處女座、射手座與雙魚座。雙子座與射手座是日間（或吸氣）星座，處女座與雙魚座是夜間（或吐氣）星座。

就如這一態的名字所表達出來的印象，變動星座非常具有彈

性、可變動性與多樣性。他們通常可以看到問題的所有面向，當生命向他們做出變化時，他們都能好好處理。不過，他們很容易失去生命中的焦點與目的，總是受苦於「閃亮事物症候群」與分心。

星盤對應醫藥輪

在薩滿文化中，將四元素與四個本位星座用於醫藥輪中已有千年之久。代表著儀式中的四個基本方位與季節的開始。在北半球，本位星座牡羊座（火）開啟了春季，本位星座巨蟹座（水）開啟了夏季，本位星座天秤座（風）開啟了秋季以及本位星座摩羯座（土）開啟了冬季。在南半球則相反。

四個方位也代表了生命的階段：出生（東邊、火、新的開始）、青年期（南邊、水、情緒上的純真與信任）、成年期（西邊、土、身體的能量）以及老年期（北方、風、智慧）。因此整個星盤可以看作為一個藥輪或是神聖的生命之輪。請注意，這是另一種觀看方式，以不同的薩滿傳統來看生命之輪。

一年的季節對應生命的季節，出生（春季）、青年期（夏季）、成年期（秋季）與老年期（冬季）。一切都在一個偉大的創造性曼陀羅中連結在一起。

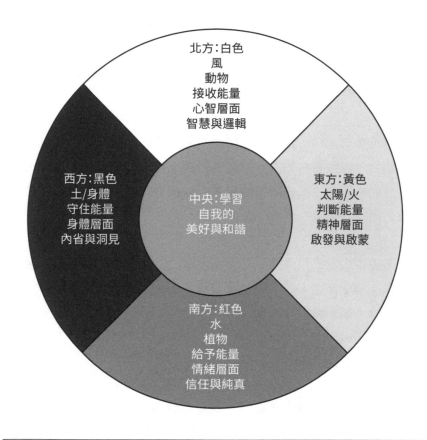

北方:白色
風
動物
接收能量
心智層面
智慧與邏輯

西方:黑色
土/身體
守住能量
身體層面
內省與洞見

中央:學習
自我的
美好與和諧

東方:黃色
太陽/火
判斷能量
精神層面
啟發與啟蒙

南方:紅色
水
植物
給予能量
情緒層面
信任與純真

火🔥

火是轉化與行動的能量，是日間（吸氣）能量。當我們吸入生命，我們的呼吸會取得能量。在吸氣時，我們也會擴張我們的肺。火象星座與行星是擴展或向外的。火象是熱與移動。想想火焰的能量，當你看著它們閃爍舞動，就可以感受到火元素

了。太陽為地球與人類提供了我們生存所需的熱與光。

火會快速移動，具有轉化能力，就像從毀滅的灰燼中飛起的鳳凰一樣。

三個火象星座——牡羊座、獅子座與射手座，是積極、具有啟發能力、熱情與自信的。他們與日間能量比較有連結，比較直接且向外聚焦，不過所有的星座內在都有一些火象能量，就像我們內在具備所有元素，只是數量不同。

牡羊座由戰神火星主管，是火象星座中的第一個，最直接、最聚焦。獅子座由太陽主管，自信且喜歡被人注意。射手座由木星主管，擴張而具有啟發性。

任何在火象星座的配置，無論是發光體、行星、小行星或軸點，都會具有這些特質。例如，有金星（價值與愛）在牡羊座的人，在關係中就會很直接，而且有更多類似戰士的特質。水星（心智與溝通）在獅子座的人，他們的溝通風格則帶著權威性。

水 ≋

水是接受的能量、情緒，是夜間（吐氣）能量。水就像情緒，流動而變化多端。水組成人類身體的大部分，可以說是最重要的元素。巨蟹座、天蠍座與雙魚座，這三個水象星座全部都帶有深刻的直覺與創意的能量。

月亮主管巨蟹座，連結滋養與母性。冥王星主管天蠍座，反映出這個星座的深度，連結執著與心理深度。海王星主管雙魚座，與所有冥想或變化的狀態有關，也連結了集體無意識或精神能量。

任何在水象星座的配置，都具有更多流動的能量。例如，有水星（心智與溝通）在巨蟹座，直覺地接收資訊，將資訊保留在較深的層次，因為巨蟹是接受性的夜間能量。

風 △

風是心智或思想的能量，是日間（吸氣）能量，代表呼吸與風。我們無法停止呼吸，風會流進流出，我們需要風，因為風會使我們周遭的空氣流動。雙子座、天秤座與水瓶座是三個風象星座，它們是思想、想法、社會性與分析的星座。風象星座連結理性。

雙子座由水星主管，與二元性及學習有關。天秤座由金星主管，與交際手段、關係與冥想有關。水瓶座由天王星主管，因為它會將思想、點子與人串接起來，因此與網路有關，也與較高的心智、發明與創新有關。

在風象星座中的任何配置，都會帶有較多風象的味道。例如火星（驅力與意志）在雙子座的人是快速的學習者，也可能說話非常快速與直接。

土 ▽

土是物質世界的能量，是你能夠碰觸與感覺到的能量。土是穩定的、實際的與有耐心的，是夜間（吐氣）能量。金牛座、處女座與摩羯座是三個土象星座，他們是辛勤工作、建造、創造物質事物的星座，連結到物質世界與結構。

土象星座是感官的，具有創造的品質，與大自然的週期有連結，也與人類的出生週期、生與死有連結。

金牛座由金星主管，是與物質世界和地球本身最有連結的一個星座。處女座由水星主管，與技術的世界及手藝比較有連結。摩羯座由土星主管，是土象星座的先鋒，是領導與成就導向的星座。

任何在土象星座裡的配置，都會帶有這個星座的味道。例如，有火星（驅力與意志）在金牛座的人，與火星在其所主管的星座牡羊座的人相較，在牡羊座的人動作非常快速與直接，在金牛座的人動作會比較慢、比較細緻。

第三章
太陽星座

在 這一章，我會討論十二個黃道太陽星座。在當代占星學中，太陽星座代表核心的我，也可以說代表我們的自我（ego）。

幾乎所有人都知道，太陽星座是自我的一部分，其主要能量會為我們的存在增添活力。我會提供關鍵字、技術細節——比如主管的行星——以及每個星座有趣的資訊。在這一章裡，我們以二元性（夜間／陰性和日間／陽性）來看。將星座視為個人發展的進化，從象徵出生的牡羊座到生命結束的雙魚座，如此你會對於星座在你裡面如何運作，獲得較深刻的理解。我們所有人的內在都擁有來自每一個星座的能量，不管我們的太陽星座是什麼。

牡羊座（Aries）♈

牡羊座是黃道上第一個星座，大部分人也將之視為占星年的開始，當太陽進入牡羊座，標示出北半球的春分，牡羊座是先天十二宮（Natural horoscope）中的第一個星座，掌管第一宮。

這個星座位於黃道的第一個三十度，太陽從春分，大約三月二十一日到四月二十日期間，通過這個星座。日期會根據我們在地球上所看到太陽實際在天空移動的速度而有所變化。

牡羊座是日間本位火象星座，由火星主管，戰神，代表青年期，非常聚焦在自己身上。

牡羊座的象徵符號是一隻公羊，其圖像則是公羊的兩支角。牡羊座的對面星座是天秤座，風象星座，這代表兩者互補，一起順暢運作。

牡羊座的主要關鍵字是「**我是**」，意思是他們全心關注自己，並且喜歡跑第一。牡羊座主管**頭部**與**眼睛**，與牡羊座連結的顏色是**紅色**，**鑽石**是其生日石，**鐵**是其所屬的金屬。

牡羊座最討人喜歡的特點是，他們是有動力的、是開拓者，在別人眼裡他們看起來就是個領導者。他們擁有健康的自利精神且非常勇敢，然而如果沒有好好調整他們的直率，他們就會有攻擊與反動的傾向。其他人會覺得牡羊座沒耐心、行動速度快且大膽。

女神卡卡、艾爾頓‧強（Elton John）、南西‧佩洛西（Nancy Pelosi）與達文西（Leonardo da Vinci）都是都是出生於牡羊座。

金牛座（Taurus）♉

黃道上的第二個星座是金牛座，從四月二十一日到五月二十日，太陽會行經這個星座。金牛座同時也主管第二宮。

金牛座是夜間固定土象星座，由金星主管，在其物質世界裡，轉世為顯化女神。就像牡羊座，金牛座也是以有角動物作為其象徵符號——公牛，顯示出最前面這兩個星座都很直接而冒失。

金牛座的圖形是頭與公牛角，所代表的是開始與物質世界連結的生命階段。

天蠍座是金牛座的對面星座，彼此會互補得很好。強壯而堅定的公牛代表著這個星座，因此，金牛座的主要關鍵字是「**建造**」，所有出生於太陽金牛座的人，都喜歡發展具有持久性的一切。

金牛座與**喉嚨**、**聲帶**有關，與這個星座最有連結的寶石是**綠寶石**。但是，作為最物質的星座，也與**藍寶石**有關。與金牛座有關的金屬是**銅**。

金牛座會展現動物的智慧，他們具有敏銳的感官，敏感、務實與忠誠。他們內在腳踏實地、有耐心且穩定，但是，這也可能導致固執或死心眼，而且因為追求安全感，還可能會有過度物質化的傾向。他人眼中的金牛座是穩定而不虛偽的人。

伊莉莎白女王二世（Queen Elizabeth II）、馬克·祖克伯（Mark

Zuckerberg）與巨石強森（Dwayne 「The Rock」Johnson）都是出生於太陽金牛座。（「巨石」這個外號，真的是金牛座的象徵，岩石也是土元素）。

雙子座（Gemini）♊

雙子座位於黃道的第三個三十度，從五月二十一日到六月二十日，太陽會經過雙子座。雙子座主管黃道的第三宮。

雙子座是日間變動風象星座，是水星主管的兩個星座之一，是心智／訊息的化身。這個星座的象徵是雙胞胎，由一個既分開又連結的雙胞胎圖形代表。雙子座代表我們的人生舞臺來到開始用口語溝通，且理解到彼此之間既連結又分離的狀態。

射手座是雙子座的對面星座。

雙子座是雙胞胎的星座，有些寶石據說對這個星座是幸運的。黃色石頭最常被視為幸運，如**瑪瑙、茶晶、琥珀**。不意外的是，雙子座的幸運金屬是**水銀**（譯註：水銀的英文與雙子座主管星——水星是同一個字）。雙子座也與**胸部、肺、神經系統、手臂與肩膀**有關。

雙子座是一位**思考者**，代表著心智、聲音與溝通。他們的內在生命充滿了好奇、善於觀察，常常分心且可能會高度緊張。別人眼中的雙子座很擅長社交與口語表達，但有時愛操縱人，且愛耍兩面手法。

約翰・甘迺迪（John F. Kennedy）、川普（Donald Trump）、保羅・麥凱尼（Paul McCartney）、王子（Prince）以及巴布・狄倫（Bob Dylan）都是出生於太陽雙子座。

巨蟹座（Cancer）♋

巨蟹座是黃道上的第四個星座，從六月二十一日到七月二十日，太陽會通過巨蟹座。

巨蟹座是夜間本位水象星座。以螃蟹來代表這個星座，圖形符號是螃蟹的兩個鉗子，呈現防禦狀態。巨蟹座主要的能量是內向且具有防禦性。巨蟹座對面的星座是土象的魔羯座，幸運金屬與寶石，則反映出這個星座的主管星——**月亮**。相關金屬是**銀**，寶石是**月光石、珍珠**與**白水晶**。巨蟹座與**胃部、胸部**及**乳房**有關。

「感受」是巨蟹座的主要關鍵字，他們完全受情緒與直覺主導。巨蟹座是黃道上的滋養者，相當傳統與家庭導向。這個星座的內心極端敏感，有缺乏安全感的傾向，會付出過多，甚至忽略自己的需要。他人眼裡的巨蟹座是反應靈敏且充滿愛的人，然而有時可能會有點情緒化。

黛安娜王妃（Princess Diana）、達賴喇嘛（Dalai Lama）、湯姆・克魯斯（Tom Cruise）以及梅莉・史翠普（Meryl Streep）都是出生於太陽巨蟹座。

受歡迎的占星預測

雜誌與報紙的網站上寫的占星預測,是把每個星座當作一個整體,以通則的方式來分析星盤。這類預測確實準確,特別是如果你知道自己的上升星座,就可以閱讀有關上升星座以及太陽星座的預測。

這些預測做得好的時候,會把當下行運太陽的所在位置,當作第一宮宮頭,去看當下行星的主要行運,以及這些行運如何影響每個占星宮位。

例如,如果行運冥王星在摩羯座,受到其他行運的啟動,同時太陽在天秤座,那麼這個預測就會以太陽天秤在第一宮作為預測用的星盤。於是,這張星盤就會顯示出行運冥王星在第三宮,因為摩羯座是在天秤座往後數的第三個星座。在你的星盤上,這可能不是你真正的第三宮,但還是會有一些共鳴。

如果你是上升天秤座,那麼這個預測就會概略的談到你自己第三宮包含的生命領域。如果你想要讀這類一般性的預測,那麼知道自己的上升星座會很有用。

獅子座(Leo)♌

黃道上第五個星座是獅子座,大約從七月二十一日到八月二十日,太陽會通過獅子座。

獅子座是日間固定火象星座,太陽是其主管星。獅子是這個尊

貴星座的象徵，圖形代表著獅子的頭與鬃毛。對面的星座是水瓶座，不意外地，**黃金**是與獅子座有關的金屬，其幸運寶石是金黃與琥珀色的寶石，例如**琥珀**、**虎眼石**與**黃玉**。獅子座主管**心臟**、**脊椎**與**上背部**。

獅子座生來要去**領導**，這就是獅子座的關鍵字。不管是身為國王、皇后，還是自己家中的領導者，獅子座的人生來就是要閃閃發光與充滿魅力。他們渴望引人注意，當處於陰影中時，會有太戲劇化與自認為優越的傾向。獅子座相反的那一面則充滿動力、自信且好玩。處於最佳狀態時，他們具有吸引力，令人喜愛，能夠點亮周圍人的生命，因為他們內在攜帶著太陽的光芒。

歐巴馬（Barack Obama）、柯林頓（Bill Clinton）、瑪丹娜（Madonna）與詹姆士‧保德溫（James Baldwin）都是出生於獅子座。

處女座（Virgo）♍

黃道上的第六個星座是處女座。從八月二十一日到九月二十日，太陽通過處女座。

處女座是夜間變動土象星座，是水星主管的第二個星座，偏向技術、細節導向，是親力親為的典範。

這個星座由少女或處女代表，在這裡的意思是「我是一個完整

的人」。它的符號圖像是一個字母 M，代表少女（Maiden），拿著一根麥穗，代表豐收。這種存在的狀態，反映出處女座的「能量」而非「性別」。雙魚座則是處女座對面的星座。就像另一個由水星主管的雙子座一樣，處女座的金屬是**水銀**，幸運寶石則是**藍寶石、玉及碧玉**。**消化系統**及**脾臟**與處女座有關。

處女座的能量體現出服務的原則，他們喜歡感覺到自己對這個社會是有用的。處女座關注細節，具有很強的分析能力。他們的內在世界常常會自我批判，同時也是戰士。然而他們很容易淪為「被奴役」而非「服務」，因為他們在服務過程中會忘記照顧自己。

別人眼中的處女座具有道德感和組織能力，儘管我發現處女座有潔癖，這點有點像是個神話了，這很可能有一部分是因為他們的完美主義傾向，而這種傾向也會導致分析癱瘓。「**分析**」是處女座的主要關鍵字。

哈利王子（Prince Harry）、德雷莎修女（Mother Teresa）、伯尼・桑德斯（Bernie Sanders）與皇后合唱團的弗雷迪・墨裘瑞（Freddie Mercury of Queen）就是出生在太陽處女座。

天秤座（Libra）♎

天秤座是黃道的第七個星座，從九月二十一日到十月二十日，是太陽通過天秤座的時期。

天秤座是日間本位風象星座，由金星主管，是理智的化身。天秤座的符號是一座秤，圖像則同時反映出平衡與太陽西下，此時，北半球將要進入秋季（或是在南半球正在升起的太陽）。牡羊座是天秤座對面的星座。**橄欖石**與**黃玉**是天秤座的幸運寶石，與天秤座有關連的金屬是**銅**。**腎臟、皮膚、下背部**以及**臀部**都由天秤座主管。

「**平衡**」是天秤座的主要關鍵字，因為他們會在一切事物中嘗試找到中間地帶以及和諧的平衡。天秤座是黃道上的外交官與調停者，因此，他們有時會給人優柔寡斷、猶豫不決，甚至是被動攻擊的印象。一般而言，天秤座給人的印象是公平、愛好和平與富有創造力。他們的內在聚焦於他人與關係。

天秤座的名人有甘地（Mahatma Gandhi）、小威廉絲（Serena Williams）、威爾·史密斯（Will Smith）與奧斯卡·王爾德（Oscar Wilde）。

天蠍座（Scorpio）♏

第八個星座是天蠍座，掌管第八宮。從十月二十一日到十一月二十日，太陽會通過天蠍座。

天蠍座是夜間固定水象星座，由冥王星（現代）與火星（傳統）主管。

這是個深刻而複雜的星座，其象徵與圖像都由**蠍子代表**，螯刺

代表著天蠍座潛在的嗆辣本質。作為一個高度複雜與轉化的星座，天蠍座也與**蛇**有關，蛇是轉化的象徵，也與**鳳凰**有關，鳳凰是重生的象徵。

金牛座是其對面星座。**鐵**及**鋼**與天蠍座有關，**紅寶石**與石**榴石**是天蠍座的幸運寶石。天蠍座主管**繁殖系統**與**性器官**。

「**慾望**」是天蠍座的主要關鍵字，反映出情緒的深度與磁性的複雜度，還有重視隱私的特質。

天蠍座在別人眼裡是有磁性的、有力量的，有時有點嚇人。他們的內在可能憂鬱而執著，但也可能具有強烈的心理直覺與本能。當天蠍座能夠深深地進入生命裡最強烈的情緒課題中，他們就能夠與自己真實的力量連結。

畢卡索（Pablo Picasso）、海蒂・拉瑪（Hedy Lamarr）、魯保爾・萊昂納多・迪卡普里奧（Rupaul Lenardo Dicaprio）、麗莎・波奈（Lisa Bonet）與約翰・高蒂（John Gotti）都是出生於太陽天蠍座。

占星學的不同用途

雖然本書討論的是本命占星學，但是，要注意占星學有很多種用法，這很重要。這些用法可以脫離本命盤，也可以搭配本命盤來

研究。

世俗占星學（**Mundane Astrology**）是事件、組織、擇日、國家與氣候事件的占星學。「世俗（mundane）」這個字來自拉丁文 mundanus，意思是「世俗的」。任何事件或組織都可以起一個盤，解讀方式類似於本命盤。

財經占星學（**Financial Astrology**）則專門預測財經事件與週期。

卜卦占星（**Horary Astrology**）則是一種根據提問時間來回答特定問題的工具。這個技巧用於回答任何問題，比如：「我的鑰匙在哪裡？」

醫療占星（**Medical Astrology**）用於診斷及醫療疾病，也可以用於預防，他可以展示出一個人健康上虛弱的區域。

置換占星學（**Astrocartography ／ Locational Astrology**）根據畫在地球上的行星線，指出生活在特定地點會加強或削弱一個人的哪些面向。

射手座（Sagittarius）♐

主管第九宮的是射手座，十一月二十一日到十二月二十日，太陽會通過射手座。

射手座是日間變動火象星座，由木星主管。射手座的圖像是一支指向星星的箭，對應射手的象徵，這是一名半人半馬的射手。圖像與象徵都反映出這個星座具有遠見的能量。雙子座是

其對面的星座。射手座主管**臀部**、**大腿**與**肝臟**。**綠松石**與**紫水晶**是射手座的幸運石，金屬則是**錫**。

「**流浪**」與「**好奇**」是射手座的主要關鍵字，因為他們喜歡流浪，無論是身體還是心智上的，他們常處於對這個世界充滿好奇的狀態。射手座是真理與自由的尋找者，也熱愛從事各種探索。他們常常看起來天真、勵志且樂觀。精神導向與遠見卓越，使他們有能力看到生命較大的圖像。如果射手座擁抱生命，宛如一場經驗與真理的追尋，那麼他們的天真傾向就會轉化為較高的智慧。

華德‧迪士尼（Walt Disney）、珍‧芳達（Jane Fonda）、吉米‧罕醉克斯（Jimi Hendrix）、傑斯（Jay——Z）與吉安尼‧凡賽斯（Gianni Versace）都是出生於太陽射手座。

摩羯座（Capricorn）♑

黃道上的第十個星座是魔羯座，由土星主管。從十二月二十一日到一月二十日，太陽會通過摩羯座。

摩羯座是夜間本位土象星座。摩羯座的象徵是海山羊，其圖像則是山羊蹄配上魚尾巴，魚尾巴所代表的柔軟面向，在很多占星作品中都失落了。其對面星座是巨蟹座。摩羯座主管**骨骼系統**、**牙齒**與**關節**。摩羯座的金屬是**鉛**，寶石是**紅寶石**。

摩羯座的主要關鍵字是「**成就**」。摩羯座聚焦在攀爬成就的階

梯,但是,當他這麼做的時候,常常是基於外在世界的期待,而非以自信作為基礎,自信是魚尾巴所在之處。

摩羯座被視為有責任感且堅定的,但是,同時也愛控制且充滿恐懼。雖然摩羯座工作勤奮且奉公守法,但他們內心總是處在一種「永遠不夠」的恐懼中。他們的承諾與領導品質是他們的力量。

傑夫 · 貝佐斯(Jeff Bezos)、貓王艾維斯 · 普雷斯理(Elvis Presley)、蜜雪兒 · 歐巴馬(Michelle Obama)與貝蒂 · 懷特(Betty White)都是出生於太陽摩羯座。

水瓶座(Aquarius) ≈

主管黃道第十一宮的是水瓶座,從一月二十一日到二月二十日,太陽會通過水瓶座。

水瓶座是日間固定風象星座,由天王星(現代)與土星(傳統)主管。雖然水瓶座的象徵是個提水者,但是,其圖像實際上代表的是能量波,這個象徵是從天上倒下靈或能量,指出這個星座超越俗世的品質。對面星座是獅子座。與水瓶座有關的金屬是**鉛**,寶石是**黑曜石與藍寶石**。水瓶座主管**小腿、腳踝與神經系統**。

水瓶座是黃道上的個人主義者,主要的關鍵字是「**知道**」。

水瓶座有時候會被視為黃道上的怪人，因為他們在本質上總是無法預測、具有創造性與原創力。水瓶座有社會意識，致力於事業和改革，但他們有時也可能在情感上疏離，甚至變成無政府主義。因為他們常常感覺與周遭格格不入，有時會嘗試違背自己的信念去融入，但是，無論如何，他們的道路就是體現其個人真理。

歐普拉（Oprah Winfrey）、巴布·馬利（Bob Marley）、艾倫·狄珍妮（Ellen DeGeneres）以及富蘭克林·羅斯福（Franklin D. Roosevelt）都是出生於太陽水瓶座。

雙魚座（Pisces）♓

黃道的第十二個也是最後一個星座是雙魚座。從大約二月二十一日到三月二十日，太陽會通過雙魚座。

雙魚座是夜間變動水象星座。雙魚座的象徵是魚，圖形是游向不同方向的兩條魚，但被一條線連接起來。如果我們視黃道為人類發展的一條路徑，雙魚座則是死亡的時刻與出生前的時刻，是羊水，也是結束與開始。海王星（現代）與木星（傳統）主管雙魚座。對面的星座是處女座。雙魚座主管**腳、淋巴系統**以及**第三眼**。雙魚座相關的寶石是**白色的鑽石、海藍寶石與紫晶**，金屬則是**錫**。

雙魚座是最靈性與富同情心的星座，他們的主要關鍵字是「**相信**」，他們被視為高度敏感、富創造力與神祕感的存在。雙魚

座常常受困於界線與極端的同理心，這會使他們落入受害者或烈士的角色。就像魚往兩個方向游的意象，同時活在真實世界與神祕世界是雙魚座的功課。如果他們能夠適應在物質領域成為靈性的媒介，那麼就能夠避免可能會有的逃避與上癮傾向。雙魚座與魔法及電影的能量有關。

弗雷德‧羅傑斯（Fred Rogers，Mr. Rogers）、蘇斯博士（Dr. Seuss）、露絲‧貝格‧金斯伯格（Ruth Bader Ginsburg）與寇特‧柯本（Kurt Cobain）都是出於太陽雙魚座。

第四章

上升或下降星座
以及區間主管星

在這一章，我會討論黃道的十二個上升星座（Ascendant Sign），也稱做上升點。你的上升星座就是你出生那一刻，在東方地平線上的那個星座，在你的星盤上九點鐘的那個軸點。更精確地說，那是地平線或地平面與黃道面交會之處，所謂的黃道面，就是從我們位於地球的觀點，所看到的太陽一整年移動的平面。

上升點是人們首次認識你的第一印象，以及你會向他們展示的樣貌。常常被稱為「人格面具（persona）」或「面具（mask）」，我比較喜歡「接待員」這個詞，不過三個詞都說得通。這是當人們出現在這個世界裡最明顯的那一面，也是別人對你的第一印象，同時也代表著你出生時的狀況以及童年早期。你的一切都透過上升點過濾。要正確計算上升點，需要準確的出生時間，因為上升點是根據出生的日期、時間與地點來計算。

每張星盤都有一個**命主星**（ruling planet），主管上升點所在的星座，這顆行星就是這個人的命主星。例如，如果一張星盤上升點在射手座，其主管行星是木星，這張盤的命主星就是木

星。命主星是一張星盤上最重要的行星之一，這顆行星的所在位置，以及任何與這顆行星合相或鄰近上升點的行星，都會調整上升點的能量。

我們要如何開始創造出一個人的圖像？就是把以上的因素合併在一起看，因為，雖然擁有相同上升星座的人都會很類似，但當我們開始把整個星盤綜合起來時，每個人都是獨一無二的。

我們也會去看每一個星座的區間（decans）。每個星座的跨度是三十度，而每個星座還可以進一步分成十度一個區段，我們稱此為**區間**。

區間系統有兩種，我會使用三分性系統（triplicity system），這個系統會把星座相同元素分配給每個區間：

第一個十度，屬於星座本身。比如，牡羊座／牡羊座。

第二個十度，則屬於下一個在相同的三分性或元素的星座，也就是，牡羊座／獅子座。

第三個十度，則屬於三分性中剩下的那個星座，那就是牡羊座／射手座。另一種區間系統則是迦勒底系統（Chaldean system），他將七個肉眼可見的行星當做主管星，分配到每一個十度區間。在現代占星學中，比較不常使用這個系統。

🌓 上升點（The Ascendant）

讓我們進一步來看黃道上的每一個上升星座。任何身體或特徵的描述，大部分基於占星家們長久以來的觀察。我在這本書中描述的身體與其他特質，是根據一般性來講，不應視為在定義其特徵。

牡羊座上升 ♈

牡羊座上升是日間星座，這些人非常主動與直接。他們通常行動快速，喜歡運動與競爭性的活動，儘管他們的競爭力往往是自我導向的。他們常常一頭熱地栽進某些事情裡，追逐他們想要的東西，沒有好好想清楚。牡羊座上升做每件事都是用最快的速度，而且喜歡保持行動狀態。

他們常常被視為先鋒與領導者，儘管他們很難把自己發起的事情做完。當一個牡羊座上升的人想要與你建立關係，無論是當朋友還是更進一步，毫無疑問，他們是直接而積極的，但是有些人會感到不知所措。

出生於牡羊座上升的人，星盤上的命主星是火星，火星的所在位置會提供更多關於這個人在這個世界裡如何運作的資訊。另外，任何靠近上升點的行星，也會調節這個能量，例如，土星真的會為這個上升星座的快速能量踩剎車。

雷哈娜（Rihanna）、約翰‧藍儂（John Lennon）與薩曼莎‧福

克斯（Samantha Fox）都是出生於牡羊座上升。

金牛座上升 ♉

我總是把金牛座上升想成一棵樹根強壯的樹，有很粗的樹幹。因為他們穩定而堅固，要是別人想推他們，他們動都不動。他們常常擁有結實而堅毅的外表，經常穿著品質不錯的衣服，但不會過度。他們的表現都很平靜，讓周圍的人感到很舒服，除非你壓迫到他們。無論如何，他們極度忠誠，也因此會以為別人對他們也是如此忠誠。

金牛座上升是夜間星座，他們經常以穩定的速度移動，不喜歡被逼迫或匆促行事。關於他們的一切都是感官的，因此，他們會被好的氣味、味道、聲音與觸感所吸引。他們也可能會有令人愉悅的聲音。

他們的命主星是金星，金星的位置會透露更多關於這個人的事情。例如，如果金星在雙子座，這會讓一個人比光只有金牛座上升更有彈性。金星在雙子座也會增加他們的社交性與可能性，他們會以某種方式去使用他們那令人愉悅的聲音，比如唱歌。與上升點合相的行星也會調整上升點的能量。

馬丁‧路德‧金恩（Martin Luther King）、喬治男孩（Boy George）與麥莉‧希拉（Miley Cyrus）都是出生於金牛座上升。

雙子座上升 ♊

雙子座上升的人具有高度社交性，但也是最混亂的上升星座。這個雙胞胎的星座可以從任何主題的兩個面向爭執，讓他們成為辯論高手，但這也使他們像是口是心非的人，某些比較敏感的星座就很難接受這一點。

雙子座上升具有無止盡的好奇心、機智且享受身處於社交環境之中。他們注意力的持續時間很短，簡單來說就是會很快地把注意力轉移到下一個事物上。有時他們的躁動會讓他們看起來很神經質，因為他們常常坐立不安。

他們的外表相當苗條，幾乎都有藝術家似的修長手指，當他們說話的時候，總是會看到他們的手指在擺弄著什麼。他們擅長同時做好幾件事情，因此，看起來可能像是分心或沒有在聽你說話，但事實可能並非如此。

水星是雙子座的主管星，這顆行星的位置會比只看上升星座能說出更多關於這個人的事情。與上升點合相的行星也會調節這個星座的能量。例如，冥王星合相雙子座上升，將會帶來的激烈與深度，但並非所有雙子座上升的人都會這樣。

布魯斯・普林斯汀（Bruce Springsteen）、瑞奇・馬丁（Ricky Martin）與金・懷德（Gene Wilder）全部都是出生於雙子座上升。

巨蟹座上升 ♋

出生於巨蟹座上升的人，這是一個夜間星座，他們是高度敏感與充滿愛的靈魂，最溫和與最滋養的人。就像巨蟹座的象徵——螃蟹那樣，他們害羞且具有防禦性。

他們喜歡溜到旁邊，安靜地進入任何空間。情緒低落的時候，他們也有憂鬱的傾向，可能會退回自己的殼裡，也可能渴望安慰。他們常常被形容為「月亮臉」，通常被認為有吸引力。由於巨蟹座主管胃，因此他們有過重的傾向，當感覺不知所措時，會有消化的問題。

加上他們的同情心宛如「海綿」的本質，巨蟹座上升會對他們周圍的每個人與每件事都有感覺，當他們與人相遇時，最好學習一些保護自己能量的方法，這樣才不會又進入憂鬱的隱士模式。

月亮是巨蟹座的主管星，代表母性或滋養的能量，這也解釋了為什麼有很多人在他們需要的時候，會被吸引到巨蟹座上升的人身邊。巨蟹座上升的人，星盤上月亮的位置提供我們對這個人更深的理解。例如，月亮在牡羊座也許會要人更直接表達他們的情緒，對自己也一樣。

安潔莉娜‧裘莉（Angelina Jolie）、茱莉亞‧羅伯茲（Julia Roberts）、泰拉‧班克斯（Tyra Banks）與約翰‧屈伏塔（John Travolta）都是巨蟹座上升。

獅子座上升 ♌

獅子座上升的人，命主星是太陽，展現在外表上，常常會有一頭獅子鬃毛般的頭髮與太陽般的圓臉。他們很有磁性，當他們走進任何一間房間，都會使整個房間亮起來，讓人印象深刻。

他們很戲劇化、情感外放且愛引人注意。他們時而大聲，時而莊重，還總是愛指揮人。他們常常為了吸引人的注意力而打扮自己。

如果沒有人注意或奉承他們，他們就會不太積極。他們的內在小孩可能會飛揚跋扈地亂發脾氣。獅子座上升的人在心裡是個大孩子，他們就只是想要被愛，他們會以仁慈來審視他們的國土。他們做一位領導者會比做一個勞工好，雖然有時候他們有魯莽的傾向。

太陽是太陽系的中心，所有行星與地球都繞著它轉，這也說明了獅子座上升的人具備的人格特質。他們有一種認為世界是繞著自己轉的傾向，而事實上也常常這樣。作為命主星，太陽的位置以及任何靠近上升點的行星，都會調整上升點的能量。例如，一個太陽處女座，相較於其他配置，就會比較沒那麼精力旺盛。

穆罕默德·阿里（Muhammad Ali）、蒂娜·透納（Tina Turner）、梅莉·史翠普與喬治·布希（George W. Bush）都是出生於獅子座上升。

人格面具 (The Persona)

「人格面具」這個詞會用來形容上升點或上升星座。這也是瑞士心理學家榮格開發出來的詞，他將之定義為「某種面具，一方面給人一種明確的印象，另一方面用來隱藏個人的真實本質」。

榮格是最現代的西方占星師，他透過人格面具這個鏡頭去看上升點。我們年輕時，常常比較認同上升點，然後開始個體化過程，漸漸成熟。過度認同上升點且適應了社會化，是完全有可能的事情，我們藉由過分迎合外在世界的形象，來掩蓋真實的自我。

在榮格的詞彙中，這個「人格面具」是公開的形象，我們常常發現公眾人物會過度認同他們公開的形象。

榮格曾說：「可以誇張一點地來說，所謂的人格面具就是，這個人其實不是這樣，但是，自己跟別人都認為是這樣。」

占星學的目標，是鼓勵人們個體化，超越這個人格面具。

處女座上升 ♍

處女座上升的人是黃道的分析師與戰士。他們的童年可能會有個執著於他們的健康、體重與外表的父母，以致於他們對這些事有某種程度的講究。因為他們會往後退開，分析狀況，而且相當害羞，他們可能給人一種矜持和冷漠的印象，但當你了解他們時，他們就會跟你熱絡起來。當你跟他們熟起來，就會發現他們天生渴望幫助他人，這種本質使他們成為忠誠的朋友。

過度分析與追求完美的傾向，使他們容易焦慮不安，特別是如果他們並沒有忙著做什麼計畫案，或是無法讓每件事情都按部就班的時候。他們總是打扮得整潔乾淨，看起來有一點點緊張。

因為是變動星座，因此，他們不會執著於自己的想法，但是在他們做出改變前，必須看到證據。對處女座上升的靈魂而言，「謙遜」是個偉大的詞。他們總是風度翩翩。

水星是處女座的主管星，水星的位置以及任何靠近上升點的行星都會調整這個星座的能量。例如，如果水星在固定星座天蠍座，他們研究調查的品質會更加深刻，他們的批判傾向也是。

伍迪·艾倫（Woody Allen）、休·海夫納（Hugh Hefner）、奧斯卡·王爾德與貝蒂·福特（Betty Ford）都出生於處女座上升。

天秤座上升 ♎

天秤座上升的人相處起來愉悅且迷人。他們不喜歡衝突，因此他們總是會當和事佬，與人為好。一般來講，他們看起來很有吸引力，外表可愛甜美，這些都增加了他們的迷人指數，他們通常也很苗條。人們就是會受到天秤上升的人所吸引，天秤座上升的人喜歡與人建立關係，因為他們有一種透過別人的眼睛看自己的傾向，而且他們很難獨處。

他們在關係中也有被動攻擊的傾向，他們會希望別人完成他們不切實際的期待。這是他們著名的猶豫不決帶來的產物，他們總是看著所有的面向，不斷想要平衡這些天秤。

天秤座上升的主管星是金星，會展現出愛美、關係與和諧的能量。金星所在位置以及任何靠近上升點的行星，都會調整上升星座。例如，如果火星合相上升點，被動攻擊的傾向會被加強。

珍妮佛·安妮斯頓（Jennifer Aniston）、李奧納多·狄卡皮歐（Leonardo Dicaprio）、莎莉·菲爾德（Sally Field）——她著名的「你真的喜歡我」奧斯卡獲獎感言，就是典型的天秤座上升，以及大威廉絲（Venus Williams）都是天秤座上升。

天蠍座上升 ♏

具有磁性、令人生畏以及激烈，這些都是描寫天蠍座上升的詞彙，天蠍座上升是夜間星座。他們非常重視隱私，甚至會對自己的內在生活保密，在身邊創造出一種神祕的氛圍。

他們的外表常常略帶憂鬱，還有一雙具穿透力的眼睛。天蠍座上升對待所有事情都用最強的力道，常常到了執著的地步。他們會深度挖掘每件事情，具有一眼看穿事物的調查能力，甚至好像可以看進別人的靈魂深處。

由於他們非常注重隱私，因此常常會有情緒表達的困難，尤其

他們的天性激烈，總是會使自己陷入深深的情緒漩渦之中。不過，他們確實散發出深刻的力量，常常充滿了熱情，他們所做的每一件事情都深具創造力。

冥王星是天蠍座上升的命主星，冥王星所在的位置會調整上升星座的能量。例如，有個人有冥王星在第三宮，那麼這個人很可能會愛八卦，且沒那麼專注。與上升點合相的行星也會調整上升星座的影響力。

艾瑞莎‧弗蘭克林（Aretha Franklin）、大衛‧林區（David Lynch）、羅賓‧威廉斯（Robin Williams）與王子都是出生於天蠍座上升。

下降點 (The Descendant)

在上升點或上升星座對面的那一個端點就是下降點或第七宮宮頭，也就是出生那一天你所在的位置與時間點，可以觀察到在西方地平線上的那個星座。

當我們在探討你會被哪一種人所吸引，以及在所有重要關係中，你會吸引來什麼樣的人時，下降點是一個重要的考慮點。這也指出了你個人想透過夥伴關係來發展時，你內在的盲點。可以這樣說，你的上升點是日間能量，或是你投入這個世界的一切，而你的下降點則是夜間能量，或是你透過夥伴關係，從別人那裡接收的一切。

下降點代表的盲點，稱為「否認的自我」，換句話說，我們會在別人身上，看到一些東西惹我們生氣，直到我們理解到，那其實是我們需要認出的自我的一部分。例如，如果你有水瓶座在下降點，你可能會發現，伴侶疏離冷淡的情緒會惹火你，但是，一旦你意識到這一點，你就有能力理解，事實上那是你必須去處理的內在課題，這很可能會成為一個巨大的覺醒。換句話說，感受到的冷漠，可能會成為自由的感覺。這也被稱為鏡像工作，我們將任何令人討厭的品質轉化為要發展的積極特質。當我們在看相容性時，這是需要納入考慮的重要因素。

射手座上升 ♐

射手座上升的人有趣且熱愛自由。他們對人生有一種熱情與樂觀的氣氛，那是其他星座少有的。他們具有冒險心，總是在尋找可以強化他們生活的經驗，他們有時候會到處去旅行，在出生地以外的地方生活。他們也會在心智中旅行，而且常會有一個大書櫃，或是床邊堆滿了書。

這些出生在射手座上升的人，常常從他們的探險中獲得滿滿的刺激與意見，他們缺乏機智，可能會苦於「說錯話」症候群。然而，他們的討人喜歡和幽默感通常可以防止他們陷入太多麻煩，別人也會覺得他們有點天真。

他們的外表通常又高又瘦，大部分時間都在移動中，好像急著要獲得下一個體驗一樣，事實很可能真的就是這樣。

射手座上升的命主星是木星，其在星盤上的位置或靠近上升點的行星，都會調整這個星座。例如，土星在上升點會使這個人比較沒那麼外向，外表會嚴肅一些。

潔美‧李‧寇蒂斯（Jamie Lee Curtis）、阿賽尼奧‧霍爾（Arsenio Hall）、黛安娜王妃與安徒生（Hans Christian Andersen）都是出生於射手座上升。

摩羯座上升 ♑

摩羯座上升的人是黃道上最有野心的人，他們很嚴肅且工作導向。他們絕對不是黃道上的派對動物，雖然他們確實常常會在絕佳的時機展現出絕妙的幽默感。他們的外表通常很瘦，稜角分明，眼睛明亮，而且他們經常為了成功而打扮，喜歡樸實的服裝顏色。

由於他們嚴肅的舉止，摩羯座上升的人在情感上可能會顯得很冷漠，雖然他們其實並沒有那麼冷漠，只是不會輕易展現自己的情緒而已。

摩羯座上升的人可能經歷過辛苦的童年，或是在人生早期被賦予很多責任，通常會隨著年齡增長而放鬆下來。這些人有追求安全感的傾向，或是變成給家人或伴侶提供安全感的那個人，但還是有股恐懼的暗流，擔心自己沒有做到或沒有做夠。

土星是魔羯座的主管星，土星的位置與任何靠近上升點的行

星，都會調整上升星座的能量。例如，如果土星在雙魚座，他們會更具有直覺力，也會與自己創作力的那一面更有連結。

伊莉莎白女王二世、珍‧芳達、泰勒絲（Taylor Swift）與約瑟夫‧史達林（Joseph Stalin）都是出生於摩羯座上升。

水瓶座上升 ≈

出生於水瓶座上升這個日間星座的人，古怪、好奇且有點叛逆。他們友善，並且喜歡心智的美好溝通，特別是當主題牽涉到拯救世界，或至少是拯救一部分的世界時。他們也喜歡精彩的辯論，並且充分扮演了魔鬼的代言人。他們是人道主義者，通常還是理想主義者且具有超前的眼界，可以從進步的觀點去描繪出他們眼中更加平等的世界樣貌。因為他們通常希望所有具有信念的人都擁有真正的「人性」。他們在情緒上看起來相當冷漠，但是，他們又同時是個關心世界的社會運動份子。

水瓶座上升常常會有年輕的外表，中等身材，穿著打扮常常看起來很古怪，或是就某個方面來講很有個人風格。

天王星是水瓶座的主管星，這顆行星的位置以及任何接近上升點的行星，都會調整上升星座的能量。例如，如果月亮靠近上升點，他們可能會變得更加溫暖，更情緒化一點。

巴拉克‧歐巴馬、大衛‧鮑伊（David Bowie）、妮基‧米娜（Nicki Minaj）以及卡爾‧榮格都是出生於水瓶座上升。

雙魚座上升 ♓

雙魚座上升的人是黃道上的夢想家，他們似乎漂浮在幻想的世界裡，具有柔軟的內在與同情心。身為變動水象星座，他們很能反映出周圍的人事物，還是個情緒海綿。他們常常具有某種可塑性，能夠映照出周圍的人。他們富有想像力與創造力，是最不接地氣的上升星座之一，因此，他們最好與那些可以讓他們穩定下來的人建立關係，他們很容易被那些善於操縱人的人所影響。

由於他們極端敏感，因此往往容易受到各種藥物侵害，包括處方藥。他們也有沮喪的傾向，因為這個世界沒有將他們的夢想與理想活出來。他們的外表通常美麗、閃閃發亮，不食人間煙火，這對大部份人來講都相當迷人。善良的人則會想要保護他們。

雙魚座上升的命主星是海王星，海王星的位置會調整這個上升星座的運作。例如，海王星在金牛座就意味著這個人會比較接地氣，比較與物質事物連結。靠近上升點的行星也會調整上升星座的運作。

麥可‧傑克森（Michael Jackson）、惠妮‧休斯頓（Whitney Houston）、勞勃‧瑞福（Robert Redford）（創辦領導業界的日舞影展，就是典型的例子）以及火星人布魯諾（Bruno Mars）都是雙魚座上升。

☽ 區間（Decans）

一個區間是一個星座其中一個十度的區塊。區間很複雜，從埃及時代就發展出來，當時他們先根據三十六個恆星，將三百六十度劃分成三十六個區塊。在第一世紀時，這些區間被合併到黃道的十二個星座裡，當時埃及與美索布達米亞的傳統融合在一起。

從那個時候開始，兩個系統合併，我們將探索三分性系統，給予每個人更多資料。每一個人的太陽都會在某個區間裡，這會加深我們對那個位置的理解。在每個區間的日期，要參考你的出生日期。

牡羊座的區間

第一個區間由火星主管，是牡羊座區間。出生在這個區間的人是黃道上貨真價實的先鋒，非常具有行動力、企圖心與勇氣。他們以孩子般的熱情對待生活，熱情中帶著可愛的天真。如果你的太陽位於牡羊座○度到九度之間，那麼你就在這個區間裡，這個區間大約是三月二十一日到三月三十日。

牡羊座的第二個區間由太陽主管，是獅子座區間。太陽與獅子座為這些人帶來尊貴的品質，他們喜歡在這個世界裡發光，並接收到許多注意力。獅子座具有固定星座的品質，為這個區間的領導能量帶來某種堅定不移的品質，意思是他們會執著於他們的目標，不管別人想要什麼，這有可能是傲慢的領導者能

量。如果你的太陽位於牡羊座十度到十九度之間，你就會在這個區間，這個區間的日期大約是四月一日到四月十一日。

牡羊座的第三個區間由木星主管，是射手座區間。木星為牡羊座帶來擴張與追尋的品質。牡羊座的能量往往是聚焦的，但是，這個區間喜歡探險以及尋找他們的個人真相。他們是非常特立獨行的人。如果你的太陽是在牡羊座二十度到二十九度之間，那麼你就屬於這個區間，這個區間大約的日期是四月十二日到四月二十一日。

金牛座的區間

第一個區間由金星主管，是金牛座區間。這個人穩定且與大地以及物質世界高度連結。這個區間具有非常本能的身體知識，意思是他們很愛用好食物、觸感舒服以及讓他們感覺良好的事物來滋養他們的身體。過度耽溺與缺乏彈性可能是這個能量的缺點，不過，他們確實是非常和平且可愛的人，通常都是很感官與性感的。如果你的太陽位於金牛座〇度到九度之間，你就是在這個區間裡，這個區間大約的日期是從四月二十二日到五月一日。

第二個區間由水星主管，是處女座區間。水星與處女座的影響，為通常很固執的金牛座能量帶來更多彈性。這些人通常務實又現實，但是以一種非常內斂與謙遜的方式展現。處女座與水星的感性，會使他們在其他有較多遠見與理想性的人眼裡，顯得索然無味，因為他們總會對別人說，他們沒有活在現實

裡。如果你的太陽位於金牛座十度到十九度之間，你就是屬於這個區間，這個區間大約是五月二日到五月十一日。

金牛座的第三個區間由土星掌管，是摩羯座區間。這些人可能會稍微遠離金牛座耽溺的能量，因為他們可能太忙於建造與向上爬，享受勞力的果實，雖然他們還是喜歡擁有生命中美好的事物。

他們生活簡樸，在某些人眼裡可能很無趣。無論如何，他們是建造大師，在生活中建立起堅固且耐久的結構，無論那是事業、一個家的根基，還是一個家庭。一旦你了解在建造趨力背後的他們，就會知道，在表面之下的他們可能相當有趣與感性。如果你的太陽在金牛座二十度到二十九度之間，你就是在這個區間裡，這個區間大約是五月十二日到五月二十一日。

雙子座的區間

雙子座的第一個區間由水星主管，是雙子座區間。出生時太陽位於這個區間裡的人具有極端的好奇心，你會發現他們總是從各種來源收集資訊。他們也可能很容易不專心，總是從一樣事物跳到另一樣事物上。這也是大家熟知的「閃亮事物症候群」或「松鼠症候群」。他們的心智運作很快，以獨立的方式理解資訊，但因為有容易分心的傾向，因此很少深入任何一個主題。如果你的太陽位於雙子座〇度到九度，你就是在這個區間裡，這個區間大約是五月二十二日到六月一日。

雙子座的第二個區間由金星主管，是天秤座區間。這些社交人盡其可能地與人相處，與人對話。他們就像所有雙子座一樣充滿好奇心，想要了解一切與你有關的事情，還有你感興趣的事情。天生的好奇心也會吸引他們去研究藝術或是探索大自然。他們傾向於透過別人的眼睛來看自己，這會使他們在沒有別人給予意見時，很難做出任何決定。

他們很會做協調人，因為他們在人身上總是看到美好的一面，在協商過程裡，總能向另一方展現這份美好。如果你的太陽位於雙子座十度到十九度，你就是在這個區間裡，這個區間大約的日期是從六月二日到六月十一日。

雙子座的第三個區間由天王星主管，是水瓶座區間。這些人是思考大局的人，他們會有創新的概念。在情緒上，他們是最冷漠的人，因此看起來與人很疏離。無論如何，他們採取鳥瞰的觀點，會看到幫助整體人類所需要的連結。他們知識範圍寬廣，視野就像是一幅巨大的拼圖，把看似不同的部分拼在一起。這些雙子座通常很友善，但是，他們想要談的是比較大的想法而不是雜談閒聊。如果你的太陽位於雙子座二十度到二十九度，你就是在這個區間，該區間大約是從六月十二日到六月二十一日。

巨蟹座的區間

巨蟹座的第一個區間由月亮主管，是巨蟹座區間。這樣的人極度敏感，深具同情心，他們會以無限的情感連結能力去滋養並

照顧他所愛的人。但是這會導致他認同於這個角色，某種程度上，他們永遠不會說出自己的感情需要。這會導致不安全感以及情緒勒索的行為。他們也常常會發現，自己很難放下過去受傷的情感他們的愛很強烈，對某些人來講很舒服，但對某些人來講卻是很大的壓力。如果你的太陽位於巨蟹座○度到九度，你就是在這個區間內，這個區間大約是六月二十二日到七月一日。

巨蟹座的第二個區間由冥王星主管，是天蠍座區間。這些人的情緒很深，如最深的大海。他們的情緒也像這麼深的海一樣，難以進入也難以表達出來。因此，這些人看起來似乎沒有情緒，他們天生的克制更讓人有這樣的印象。當然，這只是表面，因為反過來才是真相。他們感受得如此之深，願意為自己所愛去做任何事情，甚至願意犧牲自己。這種天蠍座的深度，也會使他們想要占有自己所愛的，不過，他們是非常棒的聆聽者，沒有人可以像他們那樣，為別人騰出空間。如果你的太陽在巨蟹座十度到十九度，你就是在這個區間裡，這個區間大約是七月二日到七月十一日。

巨蟹座的第三個區間由海王星主管，是雙魚座區間。這是你所見過最敏感與溫和的人。他們看起來就像是不食人間煙火的存在，會對周圍的所有一切做出回應，產生情緒變化。常常很難知道他們真正的感受是什麼，連他們自己都常常不知道。

他們就像第一區間的那些人，照顧所愛之人時永不疲倦，但是，當他們感覺別人在占他們便宜時，會有一種覺得自己是受害者的傾向。這些人必須學習好好設定個人界限。如果你的太

陽在巨蟹座二十度到二十九度，你就是在這個區間裡，這個區間的大約日子是七月十二日到七月二十一日。

獅子座的區間

獅子座的第一個區間由太陽主管，是獅子座區間。他是一切的管理者，或至少是這個人對自己的看法。他們認為自己很特別，有權以最好的方式，在他們所做的一切中成為領導者或受到崇拜。他們似乎覺得自己生來就要當第一，就許多方面來看，他們是對的，他們會散發出一種溫暖與尊貴的氣場。獅子座主管心臟，屬於這個區間的許多人都是仁慈的領導者，但是通常不夠謙遜。當其他人看待他們不如他們看待自己的樣子，或是沒有獲得自己預期該得到的關注，他們就會感到很受傷。如果你的太陽位於獅子座〇度到九度，你就是在這個區間裡，這個區間大約的日子是七月二十二日到八月一日。

獅子座的第二個區間由木星主管，是射手座區間。這些人是獅子座裡的賭徒與冒險家，由於木星的影響，帶來了擴展的振動以及幸運，舉凡他們所碰觸的都會變成黃金。事情確實常常如此，他們也傾向於把這種幸福感傳遞給周圍的人，因為他們對過錯很寬宏大量。這種冒險的傾向有時會導致他們過度擴張，但是總會因禍得福。如果你的太陽在獅子座十度到十九度，你就是在這個區間裡，這個區間的大約日期是八月二日到八月十一日。

獅子座的第三個區間由火星主管，是牡羊座區間。這是戰士獅

子，他會抱著正義感與可能性進入這個世界，他們真心相信自己想做什麼事都可以達成。他們的意志如此堅強，渴望如此強大，也確實常常達成了他們真心想做的事情。獅子座的固定星座品質，使他們執著於達成這些渴望，但也可能會使他們變得固執，聽不進去別人說的話。他們很少會承認自己做錯。無論如何，他們非常開放而誠實，不管別人怎麼說或怎麼想。如果你的太陽位於獅子座二十度到二十九度，你就是在這個區間裡，這個區間的大約日期是八月十二日到八月二十一日。

處女座的區間

處女座的第一個區間由水星掌管，是處女座區間。出生於這個區間的人，都有非常聰明與理智的頭腦。他們很有生產力，總是讓自己的一天很有效率的運作，這樣他們才會覺得有好好利用自己的時間。他們享受智性關係，在這樣的關係中，可以與身邊的人討論計畫與想法。他們也是偉大的戰士，內在的自我批判可能是黃道上所有人中最強大的，因為他們總是不斷分析每樣事情。這個區間的變動能量，意味著他們常常在修正路線，這有可能是一種祝福，但也可能是詛咒。如果你的太陽位於處女座〇度到九度，你就在是在這個區間裡，這個區間的大約日期是八月二十二日到九月一日。

處女座的第二個區間由土星主管，是摩羯座區間。土星與摩羯座的啟動能量緩解了一些處女座潛在的分析麻痺，鼓勵他們採取行動，創建會讓他們有物質安全感的架構。他們傾向於當一個優等生，尋求持續建設與賺錢，他們是投資者而不是消費

者，因為那使他們擁有了所需要的成就感。如果他們感覺在某些計畫上失敗了，他們也可以放棄投降。他們非常有責任感，是個偉大的經理人，但是，他們對成就的追求，也意味著他們錯失了生命中比較光亮、有趣的那一面。如果你的太陽在處女座十度到十九度，你就是在這個區間裡，這個區間的大約日期是九月二日到九月十一日。

處女座的第三個區間由金星主管，是金牛座區間。金星那讓人舒服的存在，以及金牛座的穩定影響，使處女座這個區間沒有別的區間那麼緊張。處女座喜歡親手做東西，你可能會發現這個區間的人，在任何需要鑄造或使用其他大地材料的領域裡，比如雕刻或手指畫之類的事，他們都很有創造力。這些人行動緩慢，通常相當保守與自制。他們也喜歡好好打扮，看起來必須乾淨舒服，但很少打扮得很華麗。如果你的太陽在處女座二十度到二十九度，你就是在這個區間裡，這個區間的大約日期是九月十二日到九月二十一日。

天秤座的區間

天秤座的第一個區間由金星主管，是天秤座區間。這些人喜歡美麗、喜悅與其他人。他們喜愛和諧、和平，使生活平順可愛。在關係中是他們最快樂的時刻，雖然天秤座的陰影是他們可能會變得很愛爭論，有時候只是為了爭論而爭論。在商業上，他們對於什麼事情可行很敏銳，一個平衡的第一區間人，就會使用這種敏銳的直覺創造工作與生活之間健康的平衡。當他們處於最平衡的狀態時，就會生活在一個和平而美麗

之處，無論是內在或外在。如果你的太陽位於天秤座○度到九度之間，你就是在這個區間之內，這個區間的大約日期是九月二十二日到十月一日。

天秤座的第二個區間是由天王星主管的水瓶座區間。這些人比天秤座的其他區間更重視個人性，在生活中，比較會被其他人的聰明智慧吸引，而不是視覺上看起來多好看。他們也會需要更多個人空間，才能找到天秤座所需要的平衡。如果你的太陽在天秤座十度到十九度，你就是在這個區間裡，這個區間的大約日期是十月二日到十月十一日。

天秤座的第三個區間由水星主管，是雙子座區間。他們很迷人，會用言詞追求別人，但是他們也比較易變，坐立不安，這會破壞天秤座所需要的平衡與和諧。他們具有高度的社交性，需要定期與人交談。如果你的太陽位於天秤座二十度到二十九度，你就是在這個區間裡，這個區間的大約日期是十月十二日到十月二十一日。

天蠍座的區間

天蠍座的第一個區間由冥王星主管，是天蠍座區間。這些人深沉且個性極其激烈。他們會幾乎無意識地跟別人玩權力遊戲，因為他們想要滿足那深深的渴望與慾望。他們通常很有佔有慾，也會很執著，因為他們非常渴望與處於關係中的那些人融合。他們不是最容易相處的人，但是，如果你可以承受那股熱烈，那麼他們會愛得非常深刻。如果你的太陽在天蠍座○度到

九度之間，你就是在這個區間裡，這個區間的大約日期是十月二十二日到十一月一日。

天蠍座的第二個區間由海王星主管，是雙魚座區間。出生在這個區間的人非常直觀且誘人。他們會以魅惑人的方式去吸引人，讓人搞不清楚現在是怎麼回事。他們的想像力令人驚豔，他們的理想很高，但有時候這些理想根本不切實際。如果你的太陽在天蠍座十度到十九度之間，你就是在這個區間裡，這個區間的大約日期是十一月二日到十一月十一日。

天蠍座的第三個區間由月亮主管，是巨蟹座區間。月亮與天蠍座那種滋養與愛的品質，相當程度地軟化了天蠍座的激烈個性，只是他們本質上那種接受性，還是想要與人在深刻的情緒層次連結。這些人忠誠度很高，但是信任度更高。如果你的太陽位於天蠍座二十度到二十九度之間，你就是在這個區間裡，這個區間的大約日期是十一月十二日到十一月二十一日。

射手座的區間

射手座的第一個區間由木星主管，是射手座區間。這些人愛冒險且樂觀，不過他們有時候缺乏持續性。他們常常研究較高的哲學與原理，包括各種宗教，有活到老學到老的傾向。他們可能傾向於教條主義，且會以他們所知道的對人說教。如果你的太陽位於射手座〇度到九度之間，你就是在這個區間裡，這個區間的大約日期是十一月二十二日到十二月一日。

射手座的第二個區間是由火星主管，是牡羊座區間。這些人很容易出意外，因為通常射手座就是很愛到處跑，加上帶頭衝的火星能量，他們可能並不會常常注意自己跑到哪裡去了。他們常常挑戰自己，通常會完全開放與誠實。這些人需要行動與移動。如果你的太陽在射手座十度到十九度之間，你就是在這個區間裡，這個區間的大約日期是十二月二日到十二月十一日。

射手座的第三個區間是獅子座區間，由太陽主管。這是另一個愛冒險的配置，這個組合會使他在人生中賭博，因為他們會尋求冒險與經驗。他們是正直的人，不過，當他們立下高遠目標，他們的驕傲可能會造成阻礙，導致失敗。如果你的太陽位於射手座二十度到二十九度之間，你就是在這個區間裡，這個區間的大約日期是十二月十二日到十二月二十一日。

摩羯座的區間

魔羯座的第一個區間由土星主管，是摩羯座區間。這些人具有偉大的決心。他們很嚴肅且負責任，因為他們有加倍的魔羯座能量，他們也會有雙倍的「不足的恐懼」，他們必須小心因為害怕失敗而過度辛苦工作。如果你的太陽在摩羯座〇度到九度之間，你就是在這個區間裡，這個區間的大約日期是十二月二十二日到一月一日。

魔羯座的第二個區間由金星掌管，是金牛座區間。中間這個區間常常是最平衡的，中間的魔羯座區間也一樣。金星與金牛座的能量意味著這些人還是會負責任且有決心，但是，也會確保

他們可以放鬆，並且享受他們的成就所帶來的舒適。用較慢的方式去完成事情會讓他們比較快樂。如果你的太陽位於摩羯座十度到十九度之間，那麼你就是在這個區間裡，這個區間的大約日期是一月二日到一月十一日。

摩羯座的第三個區間由水星掌管，是處女座區間。跟前面兩個區間相較，這些人比較沒耐心，總是想方設法要讓他們所做的每一件事情都更有效率，這樣他們才可以快一點進行下一件事情。他們具有較多緊張的特質，因為他們會被摩羯座的無情決心所牽制。如果你的太陽位於摩羯座二十度到二十九度，你就是位於這個區間內，這個區間的大約日期是一月十二日到一月二十一日。

水瓶座的區間

水瓶座的第一個區間由天王星主管，是水瓶座區間。這些人是真正的個人主義者，也是不墨守成規的人。他們具有進取心，是和睦的人道主義者，不過他們常常只有一個很小的交友圈。他們總是會想出新的計畫與點子，他們的頭腦很少停下來，如果他們不能有一些獨處的停機時間，他們的過度思考可能會導致焦慮。如果你的太陽位於水瓶座○度到九度之間，你就是位於這個區間內，這個區間的日期大約是一月二十二日到二月一日。

水瓶座的第二個區間是由水星主管，是雙子座區間。這些人與第一區間的人特質類似，但是感覺比較輕鬆。他們還是個人主

義，但會更具有社交性，而且，他們不只對抽象想法有興趣，也對這個世界感到好奇。他們通常是文學愛好者，也常常是個偉大的溝通者，渴望教導大家關於他們所研究的事情。如果你的太陽位於水瓶座十度到十九度之間，你就是位於這個區間內，這個區間的大約日期是二月二日到二月十一日。

水瓶座的第三個區間是由金星主管，是天秤座區間。他們是天生的偉大政治家，因為他們非常擅長與人相處，也很希望別人能過上更好的生活。他們通常可以在人們身上看到最好的部分，也想要幫助人將那些好展現出來。他們通常非常優雅和柔順。如果你的太陽位於水瓶座二十度到二十九度之間，你就是位於這個區間內，這個區間的大約日期是二月十二日到二月二十一日。

雙魚座的區間

雙魚座的第一個區間由海王星主管，是雙魚座區間。這些人幾乎是純粹的精神海綿，對他們周圍的所有事物都很敏感。他們具有高度直覺力，與所有集體無意識相連。他們常常會吸引來神祕經驗，因為他們根本就居住在那個世界裡。他們很容易被占便宜，因為他們界線不清，常常看起來像是行走在夢想與創造的朦朧雲霧中。如果你的太陽位於雙魚座○度到九度之間，你就是在這個區間裡，這個區間的大約日期是二月二十二日到三月一日。

雙魚座的第二個區間由月亮主管，是巨蟹座區間。這些人具有

創意而浪漫，但是，在三個區間裡，他們是最渴望安全感的人。他們非常忠於自己所愛之人，如果他們沒有感受到安全感，也可能會很黏人。感到安全時，他們就會展現藝術與家政的能力。出生在這個區間的人，需要家的安全感，以及親密家人的連結，但是這個架構中，他們也需要很多獨處時間。如果你的太陽位於雙魚座十度到十九度之間，你就是在這個區間裡，這個區間的大約日期是三月二日到三月十一日。

雙魚座的第三個區間由冥王星主管，是天蠍座區間，出生於這個區間的人常常會被那些隱藏與禁忌的領域所吸引，例如魔法、通靈與死亡。他們常常會與另一個世界連結，甚至可以看到靈體。不然至少會有強烈的直覺，可以感知到在他們周圍發生的事情。如果你的太陽位於雙魚座二十度到二十九度之間，你就是在這個區間裡，這個區間大約是三月十二日到三月二十一日。

行星與其他主要星體

  張星盤由許多元素組成，這一章要看的是行星與其他主要星體。可以這樣形容：在星盤上有「什麼」在哪個星座，代表這些行星「如何」在你裡面運作，以及位於哪個宮位，即「何處」，或是位於哪個生命領域。

在你的星盤裡的這些「什麼」代表著諸如你的情緒、驅力、愛的天性、心智⋯⋯等，或用不同的方式來說，就是**自我不可或缺的部分**。不同的星座則顯示出你自我的這些部分，**如何展現**在一個人身上，舉例來說，是以一種比較狂熱的方式來展現，還是比較保守的方式；宮位或是這個「**何處**」，則指出這個行星與星座在這個人身上，運作得最普遍的**生命領域**。

就歷史上來講，占星學使用兩個發光體——太陽與月亮，以及五個可見的行星——水星、金星、火星、木星與土星。不過，現代占星學也會使用最近發現的宇宙星體，有一些會包括在這一章，其他的則會在本書後面的章節討論。

在第二部，你會學習到如何架構與解釋一張星盤。當你整合星盤上所有部分，創造出自我的整體圖像時，這些篇章將作為參考。

太陽 ☉

太陽是太陽系的中心，也同時是自我的核心。它是核心的身分認同，在你星盤裡的太陽會給你能量。太陽是日間能量，因為太陽明顯在白天發光，吸入空氣，這會提供我們身體能量。就像太陽在太陽系裡，其他的所有行星都圍繞著這個閃亮的核心旋轉。太陽掌管獅子座這個星座與心臟，這也指出太陽就是你的心。太陽被視為男性，或是在現代西方文化中稱為陽性能量，但是在其他文化中，太陽被視為陰性，因為它具有滋養生命的品質。

太陽的功能就像是你的 CEO 或是你的指揮家，當你與太陽星座能量調頻，那麼你就是以最吻合自己的能量在運作。太陽也代表著自我表達、目的感、創造力以及在最健康狀態下的自我。

太陽能量的最高表達就像一位仁慈的領袖，會照亮其他人的生命，他們怎麼照亮別人，也就怎麼使自己充滿能量。太陽也可能是狂妄自大的，就像在太陽系裡的真實太陽一樣，在我們裡面的太陽能量，也可能會被其他的配置悶住或阻塞，當太陽星座被阻塞，會使其更難表達自身的能量。

月亮 ☽

月亮代表你情緒上的需要，以及你與感受的關係。它是夜間能量，是我們在一天結束放鬆時，吐氣的能量。巨蟹座與第四宮

都由月亮掌管，月亮也代表你與家人、家屋以及祖先之間的關係。

月亮的本質是接受與反射，本身不會發出光。因此，西方文化把月亮視為陰性或女性能量，也是被動的。不過，有其他的傳統相信太陽是卵子，月亮是精子。月亮是可見的夜晚能量，當我們吐氣、休息，會復原我們的能量。

月亮是我們安全感的基礎，常常代表母親或是早期生命中「像母親般」照顧你的人。

月亮管理身體的節奏，包括月經週期以及睡眠週期，一般相信，當滿月的時候，我們會睡得少，並會擁有更多能量，當黑月時期，我們會更向內在聚焦且需要獨處的時間。我們的月亮配置會說出許多我們對外在世界的回應，月亮的實際月相也會影響我們。所有的月亮能量，都有它的起落。

水星 ☿

水星同時是日間與夜間能量，也是吸氣與吐氣，因為水星掌管雙子座——雙胞胎與處女座——服務與實用性。事實上它同時掌管了陽性（日間）風象的雙子座與陰性（夜間）土象星座的處女座，就指出了水星是所有行星中最非二元性的行星。水星是兩顆發光體——太陽與月亮之後的第一顆個人行星。水星代表心智、溝通、訊息、細節、技術能力、洞察力與學習。水星也代表協調，如同我們的頭腦會告知我們的神經通路如何去做協調。

水星的配置會顯示出我們如何體現水星的能量，它可以是好奇、機智、社交與多才多藝，或是神經質、過度在意細節或高度緊張的。水星也與騙子的原型有關，事實上這顆行星每年會逆行三到四次，暗示其騙子的本質，因為水星逆行是出名的技術性混亂與溝通錯誤。騙子原型是一種顛覆傳統規則和行為的原型。

水星與訊息之神赫密士（Hermes）有關，是最接近我們的核心——太陽的行星，從核心傳遞訊息到地球。從我們的位置觀看，水星的行徑路線靠近太陽，總是與太陽在同一個星座，或是相鄰的兩個星座。

金星 ♀

一般都知道金星是愛的行星，當然，現代占星學將其定義為女性，儘管金星掌管天秤座——日間風象星座，同時也掌管夜間土象星座——金牛座。就像水星一樣，金星同時是日間與夜間，也同時是吐氣與吸氣。現代占星學的定義，反映出性別偏見，這也是為什麼有些人從來都不認同「男人來自火星，女人來自金星」這種概念。

金星是第二顆個人行星，也是從太陽數來第二顆，並且最靠近地球的行星。金星就像水星那樣，行進路徑很靠近太陽，從我們的位置觀看，它不是跟太陽在同一個星座，就是與太陽相鄰的星座。

金星掌管感官，因此象徵著我們與所有可以看、碰觸、聽、嗅聞與品嚐的一切事物有關，包括人、大自然、金錢、食物與物件。金星也象徵著價值、藝術、美、性感、和諧與調解，以及猶豫不決、惰性與放縱。

金星有一種週期，反映出更複雜且二元性的能量：在太陽之前升起，金星是「晨星」，被稱為福斯弗洛斯（Phosphorus）或路西法（Lucifer），光的承載者，向外的陽性（日間）金星。在太陽之後落下，金星是暮星，或赫斯佩羅斯（Hesperus），具有更多接受性的陰性（夜間）位置。觀察金星的位置是很好的練習，加上星座與宮位的配置，以及與其他行星的相位，會使你對這個人的金星有更完整的了解。

包容性 (Inclusivity)

我要重申很重要的一點，星座運勢或占星盤並不會顯示出性別、膚色，或甚至那是不是屬於一個人類的盤。事件、動物或任何其他的東西，都可以有一張星盤。占星學是原型與神話，但本質上不是刻板印象。很多占星業者與父權制的社會條件，可能會有較多刻板印象。

占星術本身不需要改變就可以用包容和平等的方式來理解，占星學本身是中性的，該改變的反倒是占星家們用自身偏見與條件去理解占星的方式。

為了讓占星學前進，占星家必須理解並開始改變自身偏見，將前

來的每個客戶視為獨特的個體。許多占星家在新客戶來預約時，使用諮詢表，以理解問一個問題時，客戶喜歡用什麼代名詞，這在選擇為自己解盤的占星師時，是個好事。同時也要去看一下這些占星師在行銷與所寫的文章裡，所使用的詞彙。

當你看著自己的星盤，我建議在你解盤的時候，使用「日間」與「夜間」，「吸氣」與「吐氣」這些名詞，並且注意到你自己根深蒂固的性別規範態度。例如，某個人有很多火象與風象星座，可能會被典型的描述成有很多「男性」的星盤。將這張盤解說成重點在於擁有日間與吸氣的能量，會是比較具有包容性的態度，也比較能適用於所有人。

火星 ♂

火星是最後一顆個人行星，唯一一個離太陽比地球更遠的行星。因為火星帶領我們到達太陽系的外圍並遠離太陽，因此行星本身的能量更加外向。火星掌管牡羊座，是黃道上的先鋒。很有趣的是，在傳統占星學中，火星也掌管天蠍座。傳統占星學一般在解盤時，只使用我們肉眼可見的行星與主要星體，因此，用來作為星座主管星的行星，是月亮到土星這幾顆行星。火星是天蠍座的傳統主管星，這顆紅色的行星代表夜晚與吐氣。在現代占星學中，火星是陽性（日間）能量。

火星象徵著行動、驅力、勇氣、領導、果斷、侵略與憤怒。常常有人說火星象徵戰鬥與競爭，但是，這就要指出金星主管的天秤座掌管戰爭，也掌管和平。這裡還是得再次強調，占星學

比某些人所想的更加複雜。

一般來講,火星與身體及競爭有關,刀與槍也會讓人想像與火星有連結。火星代表熱情、不耐煩與生命力量,因此是吸氣能量。沒有火星,我們的人生會少做不少事情。火星幫助我們完成我們的渴望,也代表我們的動物天性,我們全部的人都有這種天性,程度多寡則視其在個人星盤上的配置而定。在其夜晚的化身──其作為天蠍座的傳統主管星時,火星具有穿透性與熱情。

木星 ♃

木星常被稱為社會行星的第一個行星,我們移動到離太陽更遠的地方了,代表我們從個人行星往外移動到較近期才發現的超個人或集體行星。木星是日間/吸氣行星,是火象星座射手座的主管星。作為雙魚座的傳統主管星,木星是夜間或吐氣能量。當在看一張個人星盤時,必須注意這種擴散式的能量。

木星主管尋找真理與信仰的射手座,也主管第九宮。木星是黃道上的上師或老師,象徵著神的能量。在羅馬萬神殿裡,最初有一個由六位男神與六位女神組成的委員會,但是,後來在羅馬文化中,木星成為主神。

木星這顆行星作為天空之神,象徵著自由、樂觀、慷慨寬大、幸運、擴張、寬闊與真理。木星是先知、智者、世界旅行者與探索者。木星也象徵著浮誇、通貨膨脹、吹牛者與肥皂箱(譯

註：過去會在公開場合，站在肥皂箱上，發表自己對各種議題的意見，引人靠近聆聽。)

木星常常被視為幸運星，這可能是真的，但是，木星也代表著過度擴張以及各種太過火的行為。

土星 ♄

土星是第二個社會行星，是在傳統占星學中，最初那幾顆肉眼可見的行星中的最後一個。土星掌管陰性土象星座摩羯座，土星也因為這個星座，在傳統上被視為男性的特徵。我們必須記住，所有性別內在都擁有這些品質。土星是夜間較冷的能量，作為摩羯座的主管星，屬於吐氣。但是，作為水瓶座的傳統主管星，土星也會表現出日間或吸氣的能量。當你在解讀星盤時，請注意土星所在星座是日間還是夜間能量。土星也與十宮有關。

土星象徵外在權威，就像我們認為的太陽系的外部極限一樣。土星的其他象徵還有父母或父親，或是展現比較多陽性能量的那個父親或母親能量。土星象徵著界線、規則與限制、恐懼、否認與控制。土星也象徵著成熟、傳統、感官現實與老年。

土星有時候因為這些品質而飽受詬病，但是，界線與受到侷限的感知對於生活結構的建立是很重要的。那是我們要關起門來的地方，不管是字面上或比喻上的意思，在日間的行動導向能量之後的補償。如果你選擇與你星盤上配置的土星合作，它便

可以成為你生命的支柱與錨。

天王星 ♅

天王星是近期發現的超個人行星中的第一個，這些超個人行星無法以肉眼看見。天王星是在一七八一年由威廉·赫雪爾（William Herschel）發現。發現一顆超越先前所知的太陽系邊界的行星，是一件相當令人震驚的事情。

天王星主管水瓶座與第十一宮。天王星的發現開啟了集體的、更大力量的發現，這也打開了占星師們的心智。像是靈魂的概念，以及主要的行星週期，以前因為土星在外部極限的封閉系統，限制了這類的教導。這指出了天王星象徵的覺醒能量與破碎的界線。天王星有一個與垂直線成九十八度的自轉軸，使其有別於宇宙中的其他星體。

天王星代表著個體性、獨特性、不合常規與獨立性。天王星代表革命與反叛。

這是一個與行動及社會活動有關的日間與吸氣的能量。天王星在占星盤上坐落的位置，是你會被召喚走上自己的路，並且打破常規的地方。天王星是發明天才，對各種前所未聞的資訊與想法或是未曾連結過的地方開放。

海王星 ♆

海王星，超個人行星中的第二個，在一八四六年被發現。就像海王星本身的模糊天性一樣，海王星的發現是根據「有個星體干擾到天王星的軌道」這個假設，經由數學預測而發現，並不是單純透過經驗的觀察。我們現在知道伽利略實際上在十七世紀觀察到海王星，可能把它誤認為恆星。這些困惑的發現經驗正好代表了海王星的象徵意義。

海王星主管雙魚座與第十二宮，象徵幻覺、困惑、意識本身、心理敏感度與類似入神的創造性能量。所有神祕主義與神祕學的領域，都由海王星所象徵，上癮與受害者情結也是。

海王星是沒有界線的、犧牲的，但也是療癒的、溫柔的。海王星能量會溶解，並且讓碰觸到它的一切都變得模糊，是一個接受性與感覺的行星，也是夜間或吐氣的能量。

矮行星（Dwarf Planets）

我們現今所稱的這些矮行星，被天文學家發現之後，更進一步改變了占星學，以前所未有的速度改變著。這些發現同時遇到了時代的改變，從雙魚世紀轉變為水瓶世紀。

占星學的每一個世紀都代表了歷史上一個主要時期，每一個占星學世紀大約延續二千一百六十年，要走完所有的世紀將超過二萬

五千九百二十年。雙魚世紀大約開始於基督教誕生的時代，我們目前正處於從雙魚世紀轉進入下一個世紀──水瓶世紀的時刻。（世紀的輪替在星盤上是向後行進輪替）。

鬩神星（Eris）是在二〇〇五年發現，震驚了天文學界，也在二〇〇六年確定分類為「矮行星」，接著冥王星被降級，以及以前被認為是小行星，現在被正式命名的穀神星（Ceres）晉級，

自從鬩神星後，許多其他的矮行星也被發現，包括姙神星（Haumea）與鳥神星（MakeMake），以及賽德娜（Sedna）、亡神星（Orcus）、創神星（Quaoar）、伐羅娜（Varuna）、伊克西翁（Ixion）與一些在柯伊伯帶（Kuiper belt）中其他的超海王星星體都被納入考慮。有一些評估認為，在柯伊伯帶的探查中，至少有一百個星體可以被分類為矮行星，甚至會超過數千個。

許多占星學家開始在探索其中一些星體，但是，由於這些發現還在持續中，而且是新發現的研究領域，因此本書還是只會包含冥王星與穀神星。

冥王星 ♇

冥王星是在最現代的占星學中最後一個被使用的超個人行星。事實上，以天文學界而言，冥王星已經不再是一顆行星，因為在矮行星鬩神星被發現之後，冥王星已經被降級了，同時，小行星穀神星則升級為矮行星，創造出一個全新的宇宙星體分類。但是，這一切並不會減少冥王星固有的力量，既然冥王星是轉化的能量，那麼隨著矮行星的發現，它正在進一步轉化占

星學，有什麼好驚訝的嗎？冥王星主管天蠍座與第八宮，是夜間或吐氣的能量。

冥王星象徵著個人的轉化、心理深度以及靈魂進化的渴望。作為冥界的主管者，冥王星主管著深埋在我們精神中的個人資源。種種被人視為禁忌的許多事情就是由冥王星所象徵，包括性、壓抑、抑鬱與強迫症行為。潛在的現實與業力傷痕是由冥王星所象徵。他是強而有力的能量，同時代表著個人的賦權與無力。

☽ 行星的尊貴（Dignities）與無力（Debilities）

對所有行星要思考的事情，不只是它主管或坐廟於一個或更多星座，它也會被認為跟某些星座有更多一致性，而跟其他星座則少一些一致性，這些稱為尊貴與無力。在考慮完主管行星之後，再來考思考尊貴與無力，會加深你對這些行星與星座在一張星盤上的理解。

有四個必然 (譯註：兩個必然尊貴，兩個必然無力)：

· **廟（Rulership）**：這是行星最有在家感受的地方（我以「主管或守護」來描述的地方）。

· **陷（Detriment）**：當行星位於其所主管的星座對面，力量就會減弱。

· **旺（Exaltation）**：這個星座會提供這顆行星最佳的表達，但次

於其在廟的時候。

‧**弱（Fall）**：當行星位於其旺位的對面時，其力量最弱。

當一顆行星沒有落在以上任何一個位置，就會被稱作外來的（peregine），這時它的相位就會變得更加重要。必須注意的是，經驗顯示陷與落，並不總是以負面方式演出，特別是有好相位時。

以下為最簡略的行星尊貴與無力：

太陽：廟於獅子座，陷於水瓶座，旺於牡羊座，弱於天秤座。

月亮：廟於巨蟹座，陷於摩羯座，旺於金牛座，弱於天蠍座。

水星：廟於雙子座與處女座，陷於射手座與雙魚座，旺於處女座，弱於雙魚座。

金星：廟於金牛座與天秤座，陷於天蠍座與牡羊座，旺於雙魚座，弱於處女座。

火星：廟於牡羊座與天蠍座，陷於天秤座與金牛座，旺於摩羯座，弱於巨蟹座。

木星：廟於射手座與雙魚座，陷於雙子座與處女座，旺於巨蟹座，弱於摩羯座。

土星：廟於摩羯座與水瓶座，陷於巨蟹座與獅子座，旺於天秤座，弱於牡羊座。

天王星：廟於水瓶座，陷於獅子座，旺於天蠍座，弱於金牛座。

海王星：廟於雙魚座，陷於處女座，旺於獅子座（或巨蟹座，要看你讀的是誰的書），弱於水瓶座（或摩羯座）。

冥王星：廟於天蠍座，陷於金牛座，旺於牡羊座（或雙魚座），弱於天秤座（或處女座）。

到目前為止，我們解釋了星盤組合所需要的積木，現在是整合星盤散落的各部分，建立一個連貫的靈魂故事的時刻了。下一章，我們會來看相位，那些形成角度的線，將不同的部分連結在一起。

第六章
相位

相位是行星與星盤上的其他星體彼此之間所形成的角度，不同的相位，形成相位的星體之間的角度就不同。相位將星盤上散置的元素繫在一起，創造出一個連貫的故事。這是高度複雜的主題，只有靠著練習才會熟練，而且還得先學會基礎才行。

相位是指星盤上兩個點的距離，以度數來表示。星盤由三百六十度組成，每一個相位則是三百六十度的其中一個區塊。例如，四分相是把星盤分成四個區塊，形成九十度角。就像星盤上的每一樣東西都有陰與陽或日間與夜間一樣，相位也是。某一些比較行動導向，某一些則比較具有接受性，與另一個行星的日間與夜間配置連結。

所有的相位都會創造出激勵的元素，某些緊張相位會啟發一個人採取行動。一個相位的激勵程度，取決於該相位本身以及其涉及的元素。相位沒有好或壞，和諧性較少的相位，傾向於給出較多動力，但是會帶來較多壓力。而和諧的相位傾向於需要有一些努力，才會被啟動，但是後續會比較輕鬆容易。我們會在後面的章節多說一些。

這些相位中，最重要的是托勒密相位：合相（兩個行星合在一

起）、對分相（相隔一百八十度）、四分相（相隔九十度）、三分相（相隔一百二十度）以及六分相（相隔六十度）。我建議聚焦在這些最重要的相位就好，特別是如果你是一個初學者。等你練習更精進時，再使用其他的相位，來創造更細緻的解讀。

合相 0°（The Conjunction）♂

合相是指兩顆行星或其他主要星體在一起或彼此在星盤上相距在很少的度數以內。這個相位可以是夜間或日間能量，要看星體、星座與宮位混合起來的狀況而定。

合相是兩個行星或星體很有力量的混合，強化兩個行星的象徵，混淆兩顆星體之間的能量，在觀察兩顆截然不同的星體能量時，會造成困難。個別的行星似乎失去了它們的個體性，並融入另一顆行星的某些特質，外行星會對內行星有更大的影響力。

合相的度數越接近，兩個象徵的融合就會越強大，也就越難將兩顆行星分開來看，也無法分別感受到個別的力量。一般會視合相為和諧相位，不過，那需要更複雜的理解，要弄懂這兩個行星、星座與宮位的象徵如何共同運作。

例如，海王星合相金星，意味著這個人可能在關係中很難看清楚，別人會覺得他有一種空靈的氣質。他們也常常無法反觀自己，看見自己那種不切實際的理想主義。

對分相 180°（The Opposition）☍

對分相是當兩顆行星或其他主要星體，視覺上看起來，在星盤上彼此處於相對的兩極，大約是相隔一百八十度。換句話說，就是將黃道的三百六十度除以二，創造出一百八十度的相位。傳統上，會說這是一個不和諧的相位，運作星盤上對分相的關鍵，就是整合相對兩極的能量。這是一個夜間、叶氣相位。要了解兩者如何一起運作，就需要將行星、星座與宮位混合來看。

這個相位比合相有更多視角，對分相的行星可以看到彼此，因此，星盤主人會比較容易了解該如何去整合這兩行星。這兩顆行星會彼此溝通及協商，感覺就像是一種內心的談判，完全就像是兩個星盤的主人在面對面協商一樣。

例如，月亮對分木星，從簡單的層次來說，會讓星盤主人的情緒一下子強烈高漲，一下子低落，因為木星會擴張，而月亮代表情緒。兩者所在的星座與宮位配置，會帶來更深刻的理解。

三分相 120°（The Trine）△

三分相這個相位，行星之間大約相隔一百二十度，也就是說，將黃道的三百六十除以三。組成這個相位的兩個行星，大部分會位於相同元素，除非他們形成的是分離相位（譯註：dissociated Aspect，指組成相位的兩顆行星，分別位於不同元素的星座上）。否則，這是最順流與和諧的相位，兩顆行星毫不費力地一起運作，輔

助彼此並且豐富彼此。這是日間相位或吸氣。

三分相為我們展示自己天生的力量在哪裡。這兩個行星在相同元素的星座中，在共生關係中運作。由於這種相位的流動如此容易，因此，要能夠有意識地展現這些力量，動力就比較少。這種相位是一種本能，被啟動的時候，會給人帶來一種真正發揮天性的感覺。

例如，金星在天秤座三分海王星在水瓶座，代表一個人具有高度的直覺與創造力，但是，因為這種能力來得如此自然，在他們的日常生活中，他們可能不會實際運用這項能力。因為三分相的兩個點常常位於相同元素中（在這個例子裡的元素是風象元素），這常常意味著這個主題無法帶來另一個元素的動力來使這個相位極大化。無論如何，當這個人漸漸覺察到這一點，並且開始將這些力量整合到他們的生活中時，他們就能夠以最輕鬆的方式實現自己靈魂的潛力。

四分相 90°（The Square）□

最具有挑戰性也最有能量的相位就是四分相，這意味著兩個行星或其他基本星體相隔大約九十度，把黃道的三百六十度除以四。這是一個夜間或吐氣相位。

在四分相中，兩顆行星彼此之間處於最緊繃的狀況。四分相的角度代表著，這兩顆行星無法面對面看著對方，卻彼此影響。也就是說，這是一個不和諧的相位，然而卻給予最大的動力，

去突破這個相位所要求的進化、需要面對的阻礙與課題。這兩顆行星幾乎在互相爭奪，如果星盤主人能夠有意識地整合這種衝突的能量，此相位就會具有很大的力量。

例如，金星四分土星會指出在親密關係中的阻礙，或是金錢上的侷促。有意識的覺察與成熟，會鬆開這種緊繃，並且轉變成關係中的穩定或有能力建立極大的財務成功。

六分相 60°（The Sextile）＊

六分相連接的兩個行星相距約六十度，黃道的三百六十度除以六。六分相是一個機會的相位，也被視為是和諧的相位。

六分相也需要有意識地努力才能吸收並展現其潛力，然而一旦這個相位被啟動，就會打開成長之路，為當事人帶來極大的可能性。

有時這個相位會被描述為「較弱的三分相」，但這個描述太過簡單。所有涉及的相位、行星、星座與宮位，都會顯著地改變這個相位的力量。這個相位通常是日間或吸氣相位，不過，還是要考慮涉及的元素。

六分相是一個可以為兩顆行星的位置帶來變動刺激的相位，因為通常會連接兩個不同元素的行星，創造出額外的刺激與效果。

例如，火星在雙子座可能會六分在獅子座的土星，這個組合有火星（意志）與土星（決心）在風象（雙子座象徵溝通）與火象（獅子座象徵領導力），這會帶來一個強而有力的領導者，其溝通帶有權威性。

容許度 （ORBS）

容許度是指在每個相位中，兩顆行星距離準確相位之間容許的度數。在占星學的傳統中，容許度一直是個有爭議的問題，每個占星師都有自己的觀點。一般而言，會給太陽與月亮較寬的容許度，在托勒密相位中的合相與對分相，會給予最寬的容許度。

以下的容許度建議，請當作一個指導方針。在實際練習中，你會漸漸找到最適合你的容許度，也會了解哪個組合需要給予較寬的容許度。

合相：發光體的容許度是十度，其他行星是八度（譯註：發光體指的是月亮與太陽）。

對分相：發光體的容許度是九度，其他行星是七度。

三分相與四分相：發光體的容許度是八度，其他行星是六度。

六分相：發光體的容許度是四度，其他行星是三度。

補十二分相、五分相、八分相、補八分相：發光體的容許度是
三度，其他行星的容許度是二度。

十二分相：發光體的容許度是二度，其他行星的容許度是一
度。

補十二分相 150°（The Quincunx）⊼

這是一個挑戰的相位，涉及的行星位於不同的相位與不同的三
態，因此在兩個形成相位的行星之間，很難找到共識。這是一
個脫離相位（breakaway aspect），邀請我們調整並了解這兩個
形成相位的行星，無法像對分相或四分相那樣整合。這兩個行
星彼此衝突，因為它們的差異非常複雜，所以有必要鼓勵人去
深入了解並接受將生活的這兩個領域區分開來的內在動力，以
便星盤主人可以了解為什麼存在這種需求。

一百五十度是一個無法將黃道三百六十度整除的數字，也反映
出這個相位不和諧的本質。

例如，有個人有金星在獅子座與土星在摩羯座形成補十二分
相，這個相位一方面具有愛的天性，非常有趣與喜悅，常常渴
望與孩子相處，另一邊則是需要努力工作來建立安全感。這個
人會感受到被玩樂與工作兩邊的需要所拉扯，很難好好處理兩
者，常常感覺他們好像「應該」去做另一邊的事情，這會帶給
他們罪惡感。

泛音盤（Harmonics）

泛音盤是一種不同的相位看法，由約翰‧艾迪（John Addey）在一九七六年出版的書《占星學裡的泛音》（*Harmonics in Astrology*）中發展出來的技巧。泛音盤是根據星盤中，呈現出來的共鳴與泛音。

簡單的說，黃道整個三百六十度是基本音，代表數字一。泛音盤想要把一張星盤中的行星結合起來一起運作。這是很複雜的計算，幸好大部分好的占星軟體可以幫你計算。在泛音盤中沒有星座與宮位，只有相位，每一個泛音盤重新安置由泛音盤的數字所連結起來的相位，使相位的連結更容易看。

例如，用很簡單的方式來講，第四個泛音展現出我們如何處理壓力與困難，連結的相位是將黃道除以四。第五個泛音指出天賦，連結了五分相與倍五分相（biquintiles）。第七個泛音代表靈感與幻覺。有多少數字就有多少泛音，因此，我建議你掌握解盤的基本技巧後再來研究。

五分相 72°（The Quintile）Q

五分相將黃道的三百六十度除以五，在星盤上的兩顆行星之間創造出七十二度的相位，是一個日間或吸氣相位。在星盤上，一個五分相通常代表著創意的天賦，特別是模式與結構。星盤上擁有五分相的人，當他們創造或找到充分利用形成相位的這兩個行星的行為模式時，他們的生活通常會更加充實，因為這

些行星是星盤主人被強大驅動的地方。

例如，在水星與木星之間形成的五分相，就意味著這個人被驅動著極盡所能地去學習，因為水星代表心智與資訊，木星代表擴張。這個人會持續不斷地讀書或進修課程。

太陽永遠不會與水星或金星形成五分相，因為這三顆行星靠得太近，永遠都不會相隔七十二度。

八分相 45°（The Semisquare）∠

八分相是將黃道的三百六十度除以八，是半個四分相，類似四分相，這個相位代表著阻礙。通常會由外在事件激發一個人覺察到這個相位的阻礙，會邀請星盤主人去整合兩顆行星的能量。這通常指涉著沒有彈性的領域，這個相位會邀請你變得更有彈性，並且學習移開這個阻礙的方式。

例如，在火星與土星之間的八分相，當你實際上被要求以耐心與毅力去面對你的責任與承諾，以通過這個阻礙，當你感覺事情太難的時候，這個相位會帶來放棄的傾向。有這個相位的人，學會了這個課題時，就有能力「移山」了。

補八分相 135°（The Sesquisqare） ⊡

這是另一個次相位，一個不和諧的能量，一百三十五度無法整除黃道的三百六十度，也反映了不和諧的狀況。這個相位也被稱為 sesquiquadrate。這個相位是八分相乘以三（3 x 45°）或是一個四分相加上一個八分相，這也指出其象徵的意義。我會形容為停止呼吸，不是吸氣也不是吐氣。

這是另一個帶來緊繃與挑戰的相位，大家都說這個相位需要受控制，因為這兩個形成相位的行星通常會導致生活中的錯誤選擇，從而放大了兩個形成相位的行星其最低階的象徵意義。

十二分相 30°（The Semisextile） ⊻

十二分相是將黃道的三百六十度除以十二，意味著形成相位的行星是位於相鄰的星座。建議的容許度，發光體是二度，其他行星是一度，這意味著這是非常稀少的分離或失格（out-of-sign）相位，不過，確實會發生這樣的相位。

這個相位有不同的解釋，其中一個學派認為因為是相鄰的星座，因此，就處於不同的三態與元素，要讓兩顆行星合作會很有挑戰。無論如何，有其他學派相信黃道十二宮是有目的地按照一定的方式排列，並且星座的能量是個人成長和進化的能量，每個星座都建立在前一個星座的基礎上。因此，這個相位對靈魂的進化成長有幫助，這是一個日間或吸氣相位。

兩種解釋都可能是真實的,這就要看星盤主人的覺知與意識的層次了。一個準備好踏上個人成長之路的人,會比較有能力整合這兩個行星,在這兩個能量帶來的任何困難中創造機會。

形成最多相位的行星

與其他的行星及主要發光體形成最多相位的行星,是最重要、最需要去看的行星,因為那顆行星在星盤上有很多連結,成為這張星盤上的焦點。這代表在解讀這張星盤時,必須仔細檢查這顆行星。

客戶的人生會與這顆焦點行星有很多關聯。形成最多相位的行星也深具挑戰,因為這顆行星的能量必須整合如此多其他相位,但是,這也使這顆行星成為強大的焦點。所有相位統合起來,象徵了這些挑戰的本質,該挑戰有可能會非常複雜。

例如,如果水星這顆學習的行星是形成最多相位的行星,從行星的相位整合出來的所有智慧,可能會讓人獲得極大的智慧,但是也可能導致過度分析,因為有太多資訊需要整合。這個人的一生大部分都會與收集資訊、學習與溝通有關。

分離相位（Dissociate Aspects）

分離相位也被稱為失格相位，可能不太容易發現。

大部分相位會從某種態或元素的星座連結另一個某種態或元素的星座。比如，四分相會從一個位於變動星座射手座的行星，連結到另一個在處女座或雙魚座的行星，也是變動星座。

總之，因為容許度的關係，一個相位可能會發生在「錯誤」的星座中，形成相位的兩顆行星，位於星座很後面的度數以及很前面的度數，就會發生這種狀況。

例如，如果月亮位於射手座二十八度，火星位於牡羊座一度，他們會形成四分相，因為雙方相隔九十三度。精準的四分相應該是射手座二十八度到雙魚座二十八度，多出來的三度使相位進入牡羊座，但是，這個相位依然是「在容許度內」。

無相位行星

無相位行星非常重要，應該持續注意，通常指的是那些沒有與其他行星形成托勒密相位（合相、六分相、四分相、三分相或對分相）的行星。

無相位的行星代表自我單獨存在的部分，可能在生命的整合中會是一個挑戰。它們可能代表著最強大的領域或是最脆弱的領域，端視星盤主人如何回應這顆沒有相位的行星，以及這顆行星其他的力量，例如尊貴或無力。

由於無相位的行星既代表禮物也代表挑戰，這兩者都很難讓人體現，但是我們可以透過星座和宮位來理解行星，幫助這個人面對這些挑戰並體現行星提供的禮物。

無相位的行星可能意味著一個人感覺與世界格格不入、被誤解，特別是如果無相位的行星是個人行星，如太陽、月亮、水星、金星或火星。

我們現在已經看過了一張星盤上大部分的積木了，包括元素、三態、行星、區間與相位，下一章我們將會看宮位，那會在星盤上指出人生的領域。

第七章

宮位

整個星盤是由許多元素組成，這些元素必須被整合起來，創造出一張具有連貫性的藍圖，描述出你這一生的靈魂以及靈魂進化的可能性。

我們所看到的這些行星與其他主要星體，那是你藍圖中的「什麼」。我們也透過核心自我的鏡頭——太陽，去看星座，這就象徵著這些行星在你的藍圖上「如何」行動。

現在，我們來到宮位，共有十二個，在星盤上以逆時鐘方向排列。整個星盤由星座輪與宮位輪組合而成，星座輪是從我們的角度來看，太陽每年沿著黃道的轉動而形成。宮位輪則是基於地球二十四小時自轉而形成。要做出一張星盤，需要正確的出生細節——日期、時間與地點，這會將兩個輪結合在一起。

十二個宮位象徵著生活的領域或經驗的範圍。這就是「什麼」（行星與其他主要星體）「如何」（星座）在你與你的生活中運作之處。宮位循著個人發展的路徑而行，從出生（第一宮）到死亡（第十二宮）。宮位也像宇宙的一個脈衝或呼吸，就像星盤上其他個別的部分一樣。例如，第一宮由牡羊座及火星掌管，是日間或吸氣宮位，第二宮是夜間或吐氣宮位，以此類推。

在星盤解讀中加上宮位，是我們開始理解每一個宇宙藍圖的獨特性的方法。舉例來說，一個有太陽在射手座二宮的人，其生命經驗會相當不同於太陽射手座在十宮的人。前者會更多強調個人價值與自我價值，後者則會更具焦在事業與他們的公眾生活。

☽ 第一宮：自我之宮

第一宮代表著出生與幼年生活。這是生命吸入第一口氣、日間、行動導向、角宮。從那個時間和地點的角度來看，第一宮的宮頭代表了占星學中出生的時間和地點，東方地平線上當時的星座。第一宮宮頭也是大家熟知的上升星座或是上升點，代表著命盤主人出生時的第一口呼吸，新生命的曙光。第一宮在本命盤中由火星與牡羊座掌管。

這是自我之宮，你的生命力量，在宮頭的星座或這一宮的開始，與你上升點及你的人格面具有關。上升點與第一宮是你的私人接待員，代表自我或「我是」的存在，也是在開始成熟與進化前，你最初看到自己的地方。

包含在這個宮位的行星，會由第一宮的星座上色，並且直接投射到你所遇到的人身上：這就是別人第一次與你相遇時看到的你。第一宮也代表了早期童年經驗與天生的能力，以及你實際的出生經驗，還有你對外來刺激的自發性反應。

☽ 第二宮：資源之宮

第二宮是我們的吐氣之處，我們開始意識到這個物質世界、身體、大自然、財產與金錢，我們從這裡與物質世界建立連結。第二宮是我們可以碰觸、看、聽、嗅聞的物質領域，是夜間能量，我們在夜間時，感官會具有更多接受性。這個宮位由金星與金牛座掌管。

這是所有資源的領域，包括你的內在資源、自尊、自我價值、核心價值以及與身體及大自然之間的關係。這代表是你看重的事物、你在物質世界裡與金錢及財產的關係。

第二宮代表自給自足與感官，會因這一宮裡的行星以及宮頭的星座而有所調整。例如，木星在第二宮，通常代表著較高自我價值感的人，賺錢能力高超，且喜愛探索大自然。

☽ 第三宮：溝通之宮

在第三宮，我們進入意識的心智，開始學習周遭這個世界。這是日間、吸氣以及果宮，因為在這個宮位裡，我們磨練我們的感知與觀察的技巧，並且收集資訊。我們在這個宮位裡，發現我們的聲音，學習書寫並發展溝通風格。這一宮也代表我們的早期教育、學習風格以及你過去是一個什麼樣的學生，還有你的兄弟姊妹與鄰居。第三宮是我們發展出覺察別人的觀點，以及看見我們周遭更大世界的地方。

這裡也是交通與短期旅行、電子郵件、閒聊八卦、電話與簡訊的領域,由水星與雙子座掌管。

舉例來說,如果土星在第三宮,可能代表這是一個勤奮的學生,但是話很少。

☽ 第四宮:家庭之宮

在第四宮,我們再度吐氣並且進入夜間之境,這是角宮,進入我們的家,也就是我們生活的地方,以及我們的內心的歸屬,內在生活最隱私的部分。生活之處代表著我們情緒上與物質上的安全感基礎,你的教養就反映在這一宮,這一宮也反映出你的父母與祖先的影響以及模式。從發展的角度來看,他是我們意識到我們內在的情感景觀以及我們如何對周圍世界做出情感反應的地方。

這一宮與月亮及巨蟹座有關。生活中不常被提及的一個領域,就是照顧自己與愛自己。你如何被滋養,以及你學習如何滋養自己、如何滿足情緒需要,也都反映在這裡,包括你會創造的家或你喜歡的居家類型。

例如,有些人有冥王星在四宮,他可能度過了一段困難的童年,可能在家裡經驗過權力鬥爭之類的事情,可能被迫在生活中做出改變,突破祖先的模式。

宮位系統

至少有五十種不同的宮位系統，可以做為劃分星盤的方式。其中有一些比較普遍使用的系統如波菲利（Porphyry）、普拉德斯（Placidus）、柯赫（Koch）以及整宮制（Whole Signs）。普拉德斯宮位制是許多占星軟體預設的宮位系統，也成為最受歡迎的系統，因為在手畫星盤時，有很多宮位表可用。

占星家在希臘占星復興後，傾向於使用整宮制，許多演化占星家則使用波菲利宮位制，也有些人改用柯赫，這是一個比較新的系統。

有很多分割空間的方法，在許多宮位系統中有一個普遍的共識，亦即大家熟知的上升點，開始於第一宮，中天則開始於第十宮，宮位則是在軸點之間劃分的區域。我比較喜歡用的系統是波菲利，他將軸點之間的空間除以三，平均三個空間。無論如何，我不會推薦人用哪個系統，我鼓勵你自己花時間研究，看看你喜歡用哪一個。

☽ 第五宮：自我表達之宮

第五宮是火象宮位，與太陽及獅子座有關，是一個吸氣、日間能量，也是續宮。這是在我們人生中，發展創造性的自我表達與喜悅的地方。

我總是覺得在靈魂的發展中，第五宮像是青少年、青春期，是

我們在這個世界上開始閃耀光芒，發展我們自我意識的地方。
這是孩子、樂趣、享受生活的領域，是我們養成習慣與運動以
及學習玩樂之處，是第一個人際關係的宮位，因為我們在這裡
找到了我們的戀愛關係。你的表演能力與你的人生階段，都反
映在第五宮。

這一宮受到強調，通常指出某個受到創造性藝術吸引的人，以
及某個以喜悅的方式，與世界接觸的人。

☽ 第六宮：服務與健康之宮

第六宮與處女座有關，土象星座，由水星主管。這是一個夜間
能量，是吸氣與果宮。我們會在第六宮找到我們在這個世界裡
有用的地方，在我們日常的生活與工作中服務他人。你每天
的工作經驗、工作的本質與日常生活型態都由這一宮代表。健
康、寵物也都與第六宮有關。

從發展上來講，第六宮是我們開始明白自己要如何對社會與他
人做出貢獻的地方。從這裡開始，我們從個人發展與成長的內
在景象，改變進入成年人的外在世界。

夜間或吸氣能量的第六宮，對我們周遭的世界做出回應，渴望
在這個世界裡，創造出某種秩序。因此，整潔乾淨也與六宮有
關，你對所有外在刺激的回應，都反映在這裡。

☽ 第七宮：關係與婚姻之宮

在第七宮裡，我們的靈魂吸了一大口氣，正式進入了外在或成年世界的領域裡。這一宮由天秤座與金星主管，比較外向、是日間的化身，為日間角宮。這一宮與下降點有關，對面的點是上升點，反映出你會被別人吸引的部分，以及你會吸引別人的部分。

第七宮與所有重要的人際關係有關，包括主要的合夥人或生活中的伴侶。這一宮也包括已成年的孩子、重要的生意或工作關係以及重要的友誼。你在關係中的本質與模式也反映在這一宮。另一個與這一宮有關的領域是榮格所謂的「否認自己」（Disowned self），那是我們不喜歡且會在別人身上看到的那部分自己。這個部分是當我們在別人身上看到時，會觸發一股強烈的不喜歡的情緒反應。

第七宮作為第二個關係宮位，代表著參與我們生活的夥伴關係或是與某人結婚。第八宮則根據第七宮的關係，建立長期的關係。

☽ 第八宮：親密與死亡之宮

第八宮是另一個吐氣與夜間宮位，我們在此陷入一切與黑暗有關的事物之中，這一宮與冥王星及天蠍座有關，是續宮，是深厚的羈絆，長期的夥伴關係，是情緒上、精神上與性方面的連結。這是生命、資源與靈性身體融合的能量。這是第三個關係

宮位，是長期關係中親密關係的存在之處。

這也是身體與心理的死亡、精神轉化以及重生的領域。遺產以
及其他與星盤這個區塊有關的，通常是禁忌，例如魔法與神祕
學的領域。這是深度療癒或靈魂探索的領域，你與所有共享的
權力與業力事物的關係。

權力與無力都屬於第八宮的領域，操控的或濫用權力、動力都
會在這一宮展示出來。包括你自己的陰影心理領域、你不想看
太清楚的那部分自己，然而，這部分的自己也是你內在黃金的
領域，或是埋藏的寶藏，因此，無畏地探索你的第八宮，可以
帶來極大的回報。

☾ 第九宮：較高自我之宮

第九宮是另一個吸氣與日間能量，將我們帶出去，讓我們進入
擴張、探索這個世界以及比較高層次的學習領域。

這是一個果宮，由木星與射手座掌管。第九宮與所有較高形式
（正式與非正式）的研究、哲學、與個人信仰有關。你如何經
驗你個人認為的神聖，就反映在這裡，因此，宗教也與此宮有
關。第九宮可以是教條所在之處，但是，一般而言，第九宮與
擴展心智及意識有關。

就發展而言，第九宮帶我們踏上靈性追尋，去尋找生命意義。
在第九宮，我們尋找真理、自由、智慧與大自然法則的知識，

以及這個世界與大自然如何運作的知識。探險的能量意味著這一宮也代表著旅行，包括漫長的心智之旅。

☽ 第十宮：公開的自我之宮

第十宮是在你的星盤上最公開的部分，雖然這是一個吐氣以及土象、夜間的能量，在這裡反映出在這個世界上，別人如何看待我。這是一個角宮，由土星與摩羯座掌管。第十宮是在人生中，我們的貢獻或使命的本質，常常稱之為我們的事業，希望都能處於和諧狀態。這是你在這個世界裡，最會被看到的地方，這一宮也與你公眾的聲譽與地位有關。這是智慧老人的禮物，我們在這裡創造出人為的法律（相對於在第九宮裡探索的自然律）。這是重力所在之處，我們在這裡建立財務與身體的安全感。對他人的義務與責任也在這裡展現，正直誠信也是。

像第四宮一樣，這個宮位也與父母之一有關——通常是父母之中，比較在這個世界拋頭露面的那一位，或者代表權威以及你與權威和既定社會的關係，例如管理我們這個世界的機構。

象限 （Quadrants）

星盤被分成四個象限，以及不同的半球，每個象限有三個宮位，
分別被稱為角宮（Angular Houses）、續宮（Succedent Houses）

與果宮（Cadent Houses）。

角宮的宮頭通常都是軸點（上升點、中天、下降點、天底），角宮由四個本位星座主管：牡羊座、巨蟹座、天秤座與摩羯座，代表著行動與生命經驗不同階段的開始。第一宮是自我發展的開始，第四宮是意識的發展，第七宮是關係的發展，第十宮則是你公開的與集團意識的發展。

續宮由四個固定星座主管：金牛座、獅子座、天蠍座與水瓶座。在這些宮位裡，我們鞏固在角宮中開始的事情。

果宮由四個變動星座主管：雙子座、處女座、射手座與雙魚座。在這些宮位裡，我們開始思考改變，我們將從發展的一個階段進入下一個階段。

☽ 第十一宮：社群之宮

第十一宮是吸氣、日間、續宮。帶我們出去，進入各種形式的社群之中，這一宮與天王星及水瓶座有關。這是一個朋友圈、組織與協會的領域。第十一宮也與社會事業、社會意識與政治有關。這個宮位受到強調，意味著這個人比較像人道主義者，會對生態有興趣。

這一宮的另一個關聯是網路，因為這個宮位的社群面向，特別是社交媒體。潛在或未發現的能力也可以在這裡發現，這一宮與未來、大目標、新想法與發現有關。

從發展上來講，我們從第十宮開始，在這個世界裡，創造一個具體的目標、規則與基礎，接著進入第十一宮，這是一個製造社會性連結的領域。在這一宮裡，我們學習脫離第十宮的權威所施加在我們身上的規則，走我們自己的路，探索自己的天份，創造自己的未來。

☽ 第十二宮：無意識之宮

第十二宮是果宮，當進入這個無意識的夜間能量，我們為這趟旅程做最後一次吐氣。這是一切神祕且神奇事物的領域，與海王星及雙魚座有關。

這一宮是出生前的時刻與死亡前的時刻，是第一宮裡第一次吸氣前的羊水，是產前的經驗，也是吐出最後一口氣消失前的那一刻。所有改變狀態的形式都在這裡呈現，包括化學上的誘導狀態與冥想狀態。這一宮的創造性與直覺將我們連結到超個人的知識與理解。這一宮是一個臨界空間，存在於各種世界之間的空間，與所有過渡的空間與活動有關，例如出神、催眠與神祕經驗。

隱居與僻靜之處也與這一宮有關，比如監獄、修道院、閉關中心與醫院。這是作夢、強烈的同理心與未知的神祕所在之處。

現在，你已經有了星盤的每一塊積木，是時候該去審視並且開始整合出自我的連貫故事了。在下一章，我們會去看每一個元素，如何參與出生盤的架構。

第二部

了解你的本命星盤

在第二部裡，我們將第一部中找到的積木，放進出生圖中，去思考整個星盤。包括架構與解釋你的出生盤，並且了解其他的星體。

第八章

架構你的本命星盤

在第八章，我會簡單複習一下我們在第一部中討論過的占
星學元素：星座、宮位與行星。然後開始進入更多細
節，去理解個別元素如何參與一個星盤的架構。請記住，我們
使用日間與夜間、吸氣與吐氣的概念，來表明宇宙在你裡面運
作時，那活生生、脈動的本質。

🌙 星座

在一張星盤裡，星盤的外圈代表黃道，上面有黃道帶上的十二
個星座，就像任何一個幾何圓圈，這個圓有三百六十度。醫藥
輪或「動物圈」是分成十二等分，每一等分三十度，粗略上是
根據星座但不等同於星座。大部分行星與其他主要星體沿著黃
道平面一個一個星座移動，稱為軌道，是在一個狹窄的帶子
裡。不過，冥王星以及某些較近期發現的矮行星，不會遵循相
同的軌道平面，相較於傳統的行星，它們的軌道偏移。

黃道星座永遠遵循相同的順序，從牡羊座到雙魚座，以逆時鐘
方向圍繞著星盤的外圈。這些星座代表著十二個心理衝動與需
要，每個人的心理藍圖都包含十二個星座。在這一頁上的圖示

中，在上升點的星座，也就是這張圖九點鐘的方向，是牡羊座。但是，每個人星盤裡的上升點，根據出生的時間與地點，上升星座都不一樣。在這一章最後，你會在兩張星盤例子中看到。

宮位

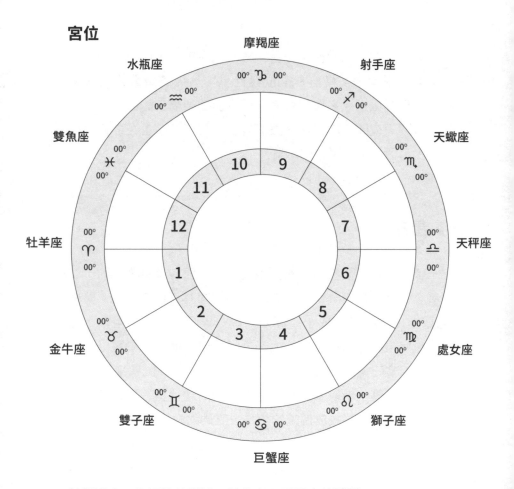

針對這十二個區塊的描述，請參考下頁圖表的號碼。

十二個宮位

1 自我之宮	2 資源之宮	3 溝通之宮
吸氣、日間、個性、你的投射、生命力、早期經驗與能力。	吐氣、夜間、自信、價值、與身體、物質世界的關係、你如何賺錢。	吸氣、日間、覺察與觀察、聲音、書寫與溝通的風格、早年的教育、兄弟姊妹、鄰居、交通與短程旅行。
4 家庭之宮	**5 自我表達之宮**	**6 服務與健康之宮**
吐氣、夜間、內在、私人的生活、情緒與物質的安全感與基礎滿足情緒上的需要、照顧自己、家的類型。	吸氣、日間、創意的表達、喜悅、快樂、玩樂、嗜好、愛情關係、浪漫、小孩。	吐氣、夜間、有用的、服務、日常慣例與工作、日常工作的本質健康事物、清潔、日常飲食、寵物。
7 關係與婚姻之宮	**8 親密關係之宮**	**9 較高自我之宮**
吸氣、日間、吸引你的人事物與你會吸引來的人事物、重要的關係、否認的自己。	吐氣、夜間、深刻羈絆、深刻的心理問題轉化與死亡、遺產與分享的財務資源。	吸氣、日間、擴張與探索、較高階的研究與哲學、個人的信仰神聖經驗、長程旅行與其他文化。
10 公開自我之宮	**11 社群之宮**	**12 無意識之宮**
吐氣、夜間、一生的貢獻或使命、事業、公開的可見度與聲望、父母之一。	吸氣、日間、集團與組織、朋友、社會事業、意識、人道主義政治，包括性別政治網路、連結。	吐氣、夜間、神祕、神祕學、冥想、變化的狀態、化學或冥想、超個人的知識、隱居、僻靜、修道院、監獄 夢、同理心。

☽ 宮位

本命盤會被區分為十二個區塊或是十二小塊的派狀，也是以逆時鐘方向前進。這些宮位在每一張盤上都會在固定相同的位置上，星座則圍繞著宮位旋轉，就像從我們的視點看到的星座與行星，繞著黃道旋轉一樣。

根據出生的時間與地點，每一宮的宮頭會有不同的星座或開始。根據使用的宮位系統，有些宮位也許會位於相同的星座，會有兩個宮位的宮頭是相同的星座。請看第七章宮位系統的段落（請參考第 111 頁）。

☽ 行星

包含在每個星座與宮位裡的是行星與其他主要星體的符號。每一個行星都代表在整體心靈中的一部分。行星所在的星座，代表這顆行星如何被啟動，所在的宮位則代表這個行星活躍在哪個生命領域。

☽ 星盤範例

我們來看幾張星盤範例：茱蒂‧佛斯特（Jodie Foster）與安德森‧庫柏（Anderson Cooper）。

茱蒂‧佛斯特
本命盤
1962 年 11 月 19 日星期一
早上 8:14 時區：PST+8:00
加州洛杉磯市
回歸黃道系統
波菲利宮位系統

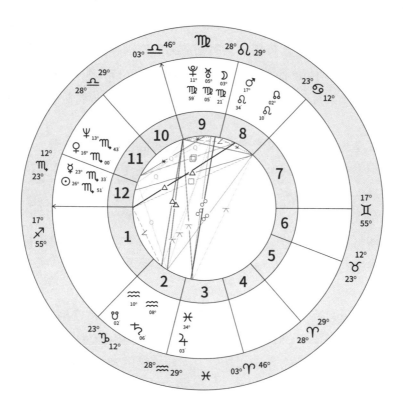

茱蒂・佛斯特（Jodie Foster）

茱蒂・佛斯特出生於一九六二年十一月十九日，早上八點十四分，加州的洛杉磯。這位著名的女演員有太陽在天蠍座，有天蠍星群，月亮在處女座，射手座上升。

我建議在進入細節之前，先看一下整張圖。

這張星盤的主要元素是水元素，她有太陽、水星、金星、木星與海王星都在水象星座。她的上升點在射手座，是火象星座，有火星在獅子座，另一個火象星座，與上升點有相位。她的月亮、天王星與冥王星在處女座，土象星座。這代表佛斯特主要是一個靈性的、具有想像力與創造力的靈魂。她的三態主要是固定星座，代表著她喜歡穩定，她第二多的三態則是變動星座，因此當有需要的時候，她具有隨機應變來採取行動的能力。

射手座上升的人，常常會受到旅行與較高的學習所吸引。佛斯特兩者都做過，她年輕時在法國讀書，法文流利，以耶魯的優秀學生身分畢業。

佛斯特的木星在雙魚座第三宮，代表她具有擴張的、幾乎像海綿一樣的吸收能力在學習與接收資訊。

木星對分月亮—天王星—冥王星，這三顆星在九宮合相（九宮的主管是射手座），這反映出她被較高的研究場所吸引，不過，她說在她家裡所有宗教儀式都做，因此，她的家庭學習場所有宗教系統（第九宮）。

木星在第三宮，代表她早年的學術實力，據說佛斯特在三歲的時候就能識字讀書了。

太陽在天蠍座星群散佈在第十一宮與第十二宮，有發光體在第十二宮，顯示她極度注重個人隱私的天性，因為天蠍座與第十二宮都代表著隱私。

佛斯特的火星，天蠍座的傳統主管星，位於獅子座第八宮，天蠍座的自然宮位，增加了想要隱私的驅力，雖然獅子座的火星也有表演的能力。天秤座中天也反映了她創造力的天性，金星、海王星在天蠍座合相，也有相同的意義。她的水象配置，第八宮與第十二宮的配置，以及木星在雙魚座，都代表了她具有深刻的直覺，可能還有通靈天分。這些配置也顯示她渴望探索他人的心理動機，佛斯特透過她選擇的角色與執導的影片展現了這個部分。

她的月亮—天王星—冥王星合相在處女座第九宮，也顯示她傾向於探索情緒的深度與心理創傷（天王星—冥王星合相）的生命領域。這讓我想到她在《計程車司機》（*Taxi Driver*）與《沉默的羔羊》（*The Silence of the Lambs*）這兩部影片中的角色，以及她在耶魯的論文題目是托妮·莫里森（Toni Morrison），她的作品探討了奴隸制和非裔美國人在歷史上的種族主義。

佛斯特的星盤顯示出高智力、具有深刻敏感度的探索天性、直覺的本質以及情緒的力量，她將這一切帶入自己的電影事業，同時又保有隱私。

安德森・庫柏
本命盤
1967 年 6 月 3 日星期六
下午 3:46 時區：EDT+4:00
紐約州紐約市
回歸黃道系統
波菲利宮位系統

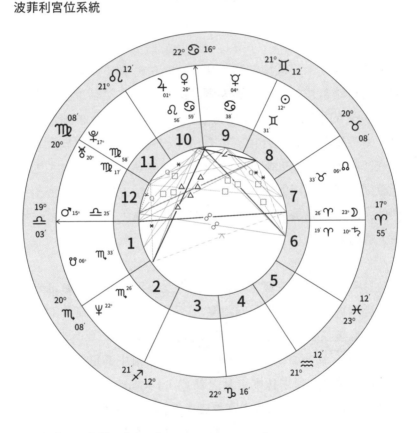

安德森・庫柏（Anderson Cooper）

安德森・庫柏出生於一九六七年六月三日，下午三點四十六
分，出生地點是紐約州紐約市。庫柏的主要元素是風元素，他

有雙子座太陽、天秤座上升，火星在天秤座與上升點合相。

水象的尾端在第二宮與中天、命主星金星與海王星都是在水象星座。月亮、木星與土星在火象星座，尾端靠近第三宮。

庫柏唯一的土象配置是天王星、冥王星合相在處女座。他的星盤上有很平衡的三態，基本、固定與變動能量。庫柏的行星主要集中在南半球，或說星盤的上半部，代表他外向而善於交際。他給人的第一印象是一個很平衡的人。

他有雙子座太陽、天秤座上升與火星合相，命主星金星在星盤的頂端，與中天合相，因此庫柏選擇公眾角色作為他的事業，也就不令人驚訝了。風象星座與心智、媒體及溝通有關。

火星在上升點以及月亮與土星在火星主管的牡羊座，兩者都接近他的下降點，他會有一股想要取得成功的驅力。他在媒體的大突破是自製（牡羊座）偽造的通行證進入緬甸，並將他自己的新聞片段，銷售給一家小的新聞機構——第一頻道。

他強大的水象元素，加上巨蟹座中天，命主星金星在巨蟹與軸點（合相中天）以及海王星在天蠍座，代表天性很愛照顧人，那也激發他的調查工作，他常常在轉播時表現出情緒化的一面。他曾經這樣說：「對啦，我寧可自己不要那麼情緒化，我希望不要沮喪，但是，當你周遭充滿勇敢的人，他們正在受苦且需要幫助時，你很難不情緒化。」

他的第十二宮天王星—冥王星合相，代表他與創傷的深刻連

結，指出他的人生創傷。他的哥哥在一九八八年自殺，庫柏承認在報導任務做了幾年後，對於戰爭的可怕漸漸變得麻木。他的第八宮太陽也指出他的調查會牽涉到隱藏的傷痛。幸好，他強大的風象與火象配置帶來平衡的出口，因此他知道什麼時候要轉向生命較光亮的那一面，把自己帶離黑暗之處。他的第八宮太陽也代表著他注重個人生活的隱私。

庫柏的天秤座上升，使他非常吸引人，外表與舉止都令人喜歡，他的獅子座木星在十宮給了他明星風采。他的獅子座木星也暗示了他作為范德比家族（Vanderbilt）的繼承人在美國「皇室」中的地位。

現在，我們已經看過星盤的結構，也開始透過星盤範例去發展分析工具，更深入解讀星盤，把其他元素整合進星盤的時機到了。在下一章，我們會加入其他元素，比如某些小行星與軸點。

行星的新觀點

行星通常以古代神話中的神與女神命名，但是，要記住的是，這些神代表著人類經驗人格化的部分，也是大自然中的原型。類似的神話與主題，出現在各種不同的文化之中，並為這些原型賦予不同的名字。

由於人類在理解上的限制，將這些神描述為陽性或陰性，並將這些想法帶入占星語言之中。

我不建議重新為這些行星命名，不過，我們要知道人類強行對行

星所做的占星學上的解釋，缺乏了細微的差別。例如，數百年來火星被描述為陽性，即使傳統上火星守護牡羊座與天蠍座，這兩個星座分別屬陽性與陰性。行星的個別細微差異如同人類，所有的存有，包括星體，內在都同時存在著日與夜，整個宇宙在本質上，並沒有二元性。

第九章
解讀你的本命星盤

在 這一章，我們會將你目前所學習到的一切整合起來，並且介紹更多元素，增加解盤的深度。單獨從太陽、月亮與上升點的配置，就可以獲得真正的洞見，但是，從星盤上其他行星與元素所獲得的洞見會加深你的知識，因此也很寶貴。

在剩下的這幾章中，我會介紹更多元素，指導你如何解讀自己的星盤。總之，我想要強調一點：要獲得更深的洞見，最好的方法就是持續不斷地練習。

由於占星電腦軟體的出現，要做出一張星盤變得較為容易。在此之前，你必須使用宮位表與星曆表去計算一張星盤，然而，現今要用電腦做出一張星盤，有各種選擇可以使用。最專業的選項中的其中幾個有 Solor Fire、Matrix 以及 Astro Gold，不過，你也可以免費使用 Astro.com 網站來計算一張星盤，這是目前最好也最清楚的免費選項之一。Astro Gold 有 app 可用，還有另外兩個好用的 app，則是 Time Nomad 與 TimePassages。

☽ 你的太陽 ⊙、月亮 ☽ 與上升點 ASC

太陽、月亮與上升點或上升星座，是性格的三個主要指標。當你開始研究一張星盤時，每次都應該先思考這三項。

太陽是你的核心，月亮是你的靈魂，上升點是你的人格面具。要正確計算出這三個點（以及星盤上其他元素）的位置，就需要正確的出生日期、時間與地點。特別是如果你出生在一個月的二十一日，這些資訊對太陽就很重要，因為太陽進入下一個星座的日期與時間，每年都不一樣。上升點與宮頭則比較需要正確的出生時間。

太陽 ⊙

如前所述，太陽是「你是誰」的核心要素，是你的自我、你的重要組成，是太陽系與你的中心組織原則。太陽主管心臟，可說是你這個交響樂團的指揮。生命目的和意識來自太陽所在的星座，並被太陽與其他行星的宮位和相位所改變。那些活出太陽所在位置的能量的人，會展現出有目的且有方向的樣子。

太陽是日間吸氣能量，是我們在這個世界裡採取行動時的身分，即使太陽所在的星座是夜間或吐氣能量也一樣。例如，巨蟹座太陽的人，當他們在滋養與照顧別人時，就是正在活出有目的的人生。太陽是當下的此時此刻。

月亮 ☽

月亮代表你的靈魂或是最內在的核心。這是夜間或吐氣能量，其中最主要的是感受與需要。

月亮是潛意識能量，會涵納周遭的一切。月亮是對壓力的回應，代表需要安撫與滋養的人事物，以及你的基本習慣與反應。

星盤上的月亮是直覺的能量，你會有一種預感。你要如何有意識地依據直覺與預感來行動，那就要透過太陽。月亮的能量具有創造性、敏感與適應性，也可能具有保護性或情緒化與不理性，但是，這個能量如何表達出來，則是看月亮所在的星座與宮位。再說一次，出生的正確時間，對於算出正確的月亮位置，非常重要，特別是因為月亮是星盤中移動最快的能量。

你出生時所處的月相，也具有一些影響力。在星盤上，月相是太陽與月亮之間的角度關係或是相位。

簡單來講，如果你出生時，太陽與月亮合相，你就是出生在新月期（日間、吸氣、0-45°），代表是一個自我啟動者，他們想要將自己的光，照在這個世界上。

眉月期（夜間、吐氣、45-90°）的人是正在學習獨立，且釋放掉老舊的模式。

上弦月期（日間、吸氣、90-135°）的人，喜歡採取行動，在變

化中茁壯成長。

盈凸月期（夜間、吐氣、135-180°）的人，渴望在追尋真理中，
接收知識。

滿月（日間、吸氣、180-225°）的人，陽光強烈的照射在他們
的感受上，因此，他們常常是衝動而本能導向。

虧凸月期（夜間、吐氣、225-270°）的人，渴望與這個世界分
享他們的知識與智慧。

有些人出生在下弦月時期（日間、吸氣、270-315°），這些人
感覺有點與世界格格不入，需要與他們的直覺自我建立關係。

最後，殘月期（吐氣、夜間、315-360°）是個非常敏感與直覺的
人。

新月	眉月	上弦月	盈凸月	滿月	虧凸月	下弦月	殘月
new	Waxing Crescent	First Quarter	Waxing Gibbous	Full	Waning Gibbous	Last Quarter	Waning Crescent

☽ 出生盤的四個軸點

星盤的四個軸點，是由星盤上水平與垂直兩條軸線交會產生的
四個點：北方、南方、東方與西方。這些就是大家熟知的上升
點、下降點、中天（MC）與天底（IC）。

上升點或上升星座

上升點是出生的那個時刻與地點，位於東方地平線上的那個星座與度數，或是任何事件盤的開始。上升星座代表著你向世界所展現的部分，你的「接待員」，當別人遇見你時，會投射出來的某種形象。這是存在的外層，即所謂的人格面具，只展示出一開始想要被別人看見的部分。

上升點也顯示出許多個人出生及早期童年的狀況，因此，上升點有時可以成為早期生活和處於具有挑戰性情況下的防禦機制。然而，隨著年齡增長，我們會在上升點中成長，會更積極地活用上升點。例如，有個人是上升摩羯座，有可能年輕時非常嚴肅與保守，但是當他們年紀漸長，就會越來越放鬆。

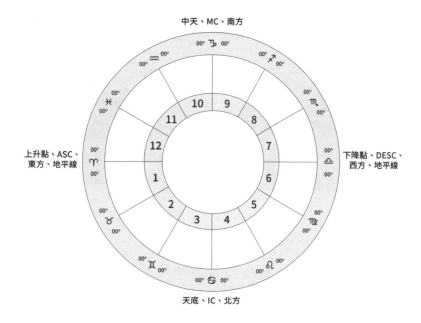

中天

中天，也是很多人知道的 MC 或天的中央（Medium Coeli），
是星盤的最高點，也是大部分宮位系統中的十宮宮頭。在北半
球，它代表南方，在南半球則代表北方。

中天是星盤中最公開的地方，代表著使命、目標與一生的貢
獻。大家常常會說它代表事業，但並不一定只當作事業，雖然
它確實代表著一個人理想上要去追求的事業類型。由於這是星
盤上最開放的地方，因此，也代表著公眾的聲望與社會地位。

下降點

出生那一刻，位於水平線西方的星座與度數。下降點代表著你
會被別人身上的什麼部分所吸引，以及你在你的生活中，如何
與其他重要他人產生關係。

在下降點的星座代表著你在人生中會尋找擁有什麼能量的夥
伴。例如，如果你有雙子座在下降點，你會享受以智性為基礎
的夥伴關係，那會帶來很多樂趣。這並不代表夥伴必須是雙子
座，比較像那個人的星盤上有很多風象能量，當然也包括雙子
座。

天底

天底，也是很多人知道的 IC 或天空的底部（Imum Coeli）。位於星盤的最底部，在北半球代表北方，在南半球代表南方。這是星盤上最具隱私的部分，代表你內在最私密的生活。在大部分的宮位系統中，天底的星座就是四宮的宮頭，也代表著父母其中之一，通常是最常撫養、滋養你的那一個。童年時的家以及這個人喜歡的家庭樣貌，也是由天底代表。

☽ 計算相位

相位是現代占星解盤的基石，關於不同相位的更多細節，請參考第六章。

要計算相位，你必須知道行星的星座與度數，以及兩顆行星之間的度數。行星以及其他星體所在的度數與星座，可以查閱星曆表找到，但是，幸運的是我們現在有電腦軟體來幫我們做這件事情。

☽ 行星位於主管星座

如果一個行星位於主管星座（也就是它自己的家），那麼力量會被強化，星座與行星的品質也會被強化，不管是正向還是負向的強化。

例如，水星在雙子座，會對學習有狼吞虎嚥的大胃口，也代表這個人具有高度的社交性，程度多寡則視其星盤上其他因素而定。

☽ 命主星（Ruling Planet）

這個行星主管整張命盤、命盤主人或事件，就是**主管上升星座的行星**。這個行星所在的星座與宮位，會調整上升點的能量。例如，某個人有水瓶座上升，他的命主星是天王星，位於天秤座第六宮，那麼代表這個人有一種獨特、甚至有點怪異而具有創意的自我表達。

☽ 星群（Stellium）

星群指的是有三個或更多行星聚集在一個星座中，意味著這個人會展現比較多該星座的能量，相較之下，只有一個行星的星座，展現比例就會比較少。因為金星與水星在大部分的太陽年中，都會跟著太陽移動，因此，星群常常會包含這兩顆個人行星之一，或兩顆都在內。

☽ 行星的互容（Mutual Reception）

兩個行星處於互容狀態，意思是**兩顆行星個別所處的星座，是另一顆行星主管的星座**。當行星處於互容狀態時，即使它們彼

此之間沒有相位，還是會有連結。這兩顆行星會互相支持，但是支持的品質則會因個別行星在星盤上所處的星座力量而有不同，因行星的三分性、旺、陷或弱來決定其力量。

例如，如果火星在射手座，木星在牡羊座。兩顆行星位於火象三分性星座，因此，會很好地支持彼此。

☽ 小行星（Asteroids）與凱龍星（Chiron）

在這一段，我們會看四個主要的小行星與凱龍星，雖然穀神星（Ceres）已經被晉級為矮行星，是小行星帶上唯一一顆晉級矮行星的小行星。宇宙星體在天文學上的定義，會因為有新發現而改變，當我們進入一個新的模式，並開始改變占星學中使用的語言時，這些不斷變化的定義似乎才合適。

凱龍星 ⚷

凱龍星是占星學中最有趣也最不尋常的星體之一。在神話學中，凱龍是一個半人馬，但是，他跟其他的半人馬不同，那些半人馬是很粗鄙的生物。大部分的人馬有人的頭與軀幹，有馬的尾巴與腳。但是，凱龍有人類的前腳，顯示出他具有更多人類的品質。凱龍是一位老師、療癒者與弓箭手，具有不死之身。當他被毒箭所傷，不死之身使他在痛苦中維持著生命，直到他放棄不死之身去拯救普羅米修斯（Prometheus）。

因為這個神話故事，在占星學中凱龍星是有名的傷痛療癒者，意味著他會在星盤中，呈現出傷痕。我們檢視凱龍星的符號，其形狀就像一把鑰匙。將神話學的本質與凱龍星做為一位老師、引導者與療癒者的聲響結合起來，將其視為你星盤上進入療癒之門的鑰匙會比較合理。大家也都知道，凱龍星是靈性、物質與異端薩滿之間的彩虹橋。

凱龍星沒有主管星座，但是，他與半人馬座及射手座有關，他有許多射手座的品質，不過，因為它有療癒能力，因此也跟處女座有關。凱龍星的不健康表達，會把焦點放在傷口上，而非療癒的潛能。

例如，有人的凱龍星在水瓶座第二宮，他可能一出生就感覺到與別人格格不入的傾向，那會影響自尊。總之，找出更高的知識，與整體宇宙溝通，將會帶給這個人有能力在人性中，看到有關自己的更大圖象。

穀神星（Ceres）♀

希瑞斯是有名的偉大母親、農業女神，她與巨蟹座、處女座及金牛座有關。在星盤上，穀神星及其所在的星座，代表我們如何滋養他人，以及我們如何滿足自己的需要。其所在的宮位顯示出，什麼樣的經驗會幫助你促進愛自己與接受自己的感覺。這顆小行星就等於專屬於你的愛的語言。

穀神星也與大自然的週期有連結，像是懷孕與出生、成長的週

期、四季與臨終。

當你活出穀神星的最佳表達時，你就與大自然及你的身體週期調頻，也就是尊重自己愛的語言。

例如，有個人的穀神星在摩羯座第一宮，當他完成個人的目標，當他幫助別人為他們自己負責時，他就會感受到自我價值的提升。不過，他們也會過度認同於那份教導別人的責任感，以及那份要給別人留下印象的需要。當他們比較多聚焦在自己的內在成就感上，比較少聚焦在需要控制別人如何去負責任時，他們就會表達出穀神星的較高品質。

智神星（Pallas Athena）♀

智神星（帕拉斯·雅典娜）是智慧女神，也是一位戰士。她的占星符號代表著作為國家保護者的正義戰士之矛。她與天秤座、獅子座及水瓶座有關。智神星代表一個人創造的智慧與原創思想的能力，那會創造新的可能性。

在星盤裡，她代表著啟發的意象與理解複雜模式的能力。通常在占星師的星盤上，會發現智神星的強大配置，因此，智神星是聞名的「占星師的小行星」。

我有智神星準確合相我的命主星——木星。智神星有一種靈魂的渴望，想要走向一個不那麼二元且雌雄同體的世界，所以我正在寫一本將超越主導占星學二元世界的書。我的智神星不只

是主管我的射手上升星座，同時也在射手座合相我射手座的主管星——木星。

智神星所在的星座與宮位，指出你會在何處，以及如何使用你具有創造力的聰明才智。

灶神星（Vesta）⚶

灶神星是在我們每個人內在燃燒的永恆火焰，是火焰公主與維斯塔貞女（Vestal Virgins），與處女座及天蠍座有關。請記得，「處女（Virgin）」這個字原始的意義是「全心對待自己的人」，在占星學上，對於灶神星的象徵給出了一個主要的指示。

灶神星代表著聚焦與承諾。這顆小行星所在的星座與宮位指出我們能量聚焦之處，以及我們為了什麼而奉獻。不健康的表達，則是狂熱與癡迷，而不是聚焦。

比如一個人的灶神星在天蠍座十宮，他們會非常聚焦在他們的人生使命上，而且會有對該使命過度奉獻的傾向，因而忽略他們的人際關係，尤其是如果他們沒注意到自己有這種傾向的話。

婚神星（Juno）⚵

朱諾（Juno）是神聖配偶，是邱比特的妻子（這裡是指在希臘神話中）。在占星學裡，小行星智神星代表著我們建立有意義的

關係的能力，且與天秤座（重要關係）與天蠍座（深刻連結的關係）有關。天秤座也與正義有關，因此，婚神星也是受壓迫者與弱勢群體的代表。

婚神星所在的星座與宮位，代表你在關係中最渴望的事物。例如，若在射手座與第十一宮，你會需要互相分享信念與未來的願景，也會希望夥伴可以同時既是朋友也是戀人。

演化占星學

在現代占星學傳統中，出生盤被視為靈魂演化潛能與發展的地圖，這張出生盤也稱為星盤、靈魂地圖、宇宙藍圖以及本命盤。

因此，在這本書裡，我們不會把這張圖看作只在描述你終生不變的人格，而是一張具有豐富意義與可能性的藍圖。靈魂的發展會發生在行星行運與週期循環的期間，以及當人的自由意志遵循演化的呼召時。這會移除許多占星傳統的命定式解釋。

預知占星學當然有它的地位，我的意思並不是說演化占星的方式比較有效，而是這種方式很接近本書的本質，會使我們進入非二元性，這種方式適用於每一個人。換句話說，我們同時談的是靈魂的演化企圖以及占星學本身的演化。

第十章
審視更多細節

在這一章，我們會深入出生圖中更細緻的部分。包括半球的重點、月亮交點、幸運點、逆行的行星、劫奪星座（intercepted signs）以及行運。上述的前兩者在本命盤分析時，最為重要，行運則是預測技巧，在本書的範圍裡，只能稍微講一下。

☽ 半球的重點

星盤會被水平線或水平軸線，以及子午線或垂直軸線，劃分出四個半球。在這一段，我們會檢視四個半球，以及行星與其他主要星體在每個半球的重要主題，代表什麼意義。

南半球

南半球是星盤的上半部，通常外向而客觀，是日間或吸氣能量。有很多行星在這個半球的人，他可能會過著有意識的、事件導向的人生，可能會因為與外在世界的交流而充滿活力。

宮位強調必須與半球強調結合，因為如果大部分的行星在七宮、九宮、十宮與十一宮，星盤的外向品質，就會最明顯。行星如果集中在八宮、十二宮，則外向的品質就會不那麼明顯，因為這兩個宮位是生命中非常私密的區域，是夜間或吐氣能量，受到水象星座主管，意即這兩個宮位比其他宮位內向。

北半球

星盤下方則是北半球，行星聚集在這裡，意味著夜間吐氣能量，具有較內向的本質。這是一個比較主觀與向內聚焦的人，他會活出更直覺與接受性的人生。

這個人似乎享受獨處且需要獨處的時間，以便感受到充滿能量。相反的，花太多時間與其他人相處，會使他筋疲力盡。

行星聚集在第一宮與第五宮，會稍微減少以上這些品質，因為這兩宮在外表上看起來比較外向。

東半球

在星盤上，東半球是星盤的左側，這個半球強調則比較偏日間吸氣能量。一個人若有很多行星聚集在東半球，他會是一個自主的、目標導向且有企圖的人。這些人比較會使用他們的意志，有意識的選擇並創造出他們自己的現實世界。他們常常看起來意志堅定，而且比較不喜歡跟別人一起合作。

西半球

西半球是星盤的右側，這是夜間吐氣能量，在這裡我們會比較臣服於他人的意志與超越意識領域的力量。這些人本質上比較具有協作與合作的傾向，但是，他們也比較會去承受同儕的壓力。

由於這個類型的人會順流而行，即使他們有意識地選擇了某些道路，要改變路徑對他們來說還是比較容易。

☽ 月亮交點：
北交點（North）☊ 與南交點（South）☋

月亮交點是月亮軌道與黃道交叉時產生的兩個點。北交點是從我們在地球的觀點看，月亮在偏北的方向穿越黃道，南交點則是在偏南的方向，月亮穿越黃道。這兩個月亮交點總是在彼此的對面。

在大部分的星盤解讀中，月亮交點代表著每個人一生中靈魂的發展路徑，南交點代表著過去，北交點則代表未來。這兩個點也是大家都知道的龍尾（南交點）與龍頭（北交點），它們也代表著預設的情緒反應或靈魂的習慣，以及靈魂的潛能，或是習慣有意識地前進。它們是發展的連續體，並不是南交點都是壞的，也不是北交點都是好的，以下是交點意義的簡介：

北交點在第一宮或牡羊座：

要發展獨立、勇氣、自發性與自我覺察。

北交點在第二宮或金牛座：

要發展堅強的價值觀、自我價值、與地球連結、品味、耐心與忠誠。

北交點在第三宮或雙子座：

要發展好奇心、聆聽的技巧、對新的想法與他人的觀點開放、策略。

北交點在第四宮或巨蟹座：

要發展同理心、有能力注意且正確察覺感受、謙卑、覺知並接納他人的感受與情緒。

北交點在第五宮或獅子座：

要發展自信、創意的自我表達、脫穎而出的意願以及玩樂與享受樂趣的能力。

北交點在第六宮或處女座：

要發展服務意識、更聚焦在日常生活與細節、適度以及具有同情心的行動。

北交點在第七宮或天秤座：

要發展出合作的能力、社交、覺知到他人的需要以及如何與他人一起生活、工作,以及分享。

北交點在第八宮或天蠍座:

要減少對物質價值的依戀、覺知到他人的心理渴望與動機,與人產生權力角力。

北交點在第九宮或射手座:

要發展能夠覺知到來自源頭的直覺或指引,並且信任這些直覺與指引。冒險感與自我信任、覺知到較高的意識。

北交點在第十宮或摩羯座:

要發展自我控制與尊重、在各種狀況中採取成熟的角色、負責任與依賴自己。

北交點在第十一宮或水瓶座:

要發展自我認可、分享創意性與非常規想法的意願、有能力在團體中工作,以平等和人道主義的方式與人類接觸、有能力與志同道合的人連結。

北交點在第十二宮與雙魚座:

要發展同情心、信任並臣服於源頭或集體的創造法則、無條件的愛、靈性道路與自我反思實踐。

南交點在第一宮或牡羊座:

要努力減少衝動的習慣、不健康的自私、憤怒的問題與太過自

以為是。

南交點在第二宮或金牛座：

要努力減少固執的傾向、抗拒改變、過度執著於所有權與物質
財產的累積、吃太多與其他的過度耽溺。

南交點在第三宮或雙子座：

要努力減少猶豫不決的影響、以及總是相信，在行動前你需要
更多資訊或更多研究、忽視直覺、相信他人的意見與想法勝過
你自己的。

南交點在第四宮或巨蟹座：

要努力減少對他人的依賴、缺乏安全感、情緒操控、避免冒
險，以及過度執著於恐懼與安全感。

南交點在第五宮或獅子座：

要努力減少對他人的奉承與認可的需要、權力感、冒險與太過
戲劇化的傾向。

南交點在第六宮或處女座：

要努力減少「付出到了自我犧牲」的傾向、對於接受他人的給
予有困難、分析癱瘓、焦慮與擔心、過度批判。

南交點在第七宮或天秤座：

努力減少無私的習慣、當好人卻損害了自己與他人、相互依存、以及只會從他人的眼光來看自己。

南交點在第八宮或天蠍座：

要努力減少執迷或強迫性的習慣、專注在別人的動機與行為、對別人過度反應與憤怒、受到危機狀況的吸引。

南交點在第九宮或射手座：

要努力減少教條與自以為是的習慣、不去聆聽別人真正在講什麼、在想清楚之前就講太多。

南交點在第十宮或摩羯座：

要努力減少想要控制以及為所有事情與所有人負責的需要、需要隨時表現出堅強的樣子，以及太過專注在目標上。

南交點在第十一宮或水瓶座：

要努力減少情緒疏離和表現冷淡的習慣、避免衝突、傾向於改變自己融入群體，好讓自己感覺被接受，卻不去擁抱自己的個體性。

南交點在第十二宮或雙魚座：

要努力減少過度敏感以及扮演受害者角色、傾向於退縮且輕易就放棄、極度的逃避主義與避開「真實」世界，自我懷疑。

☽ 幸運點（Part of Fortune）⊗

幸運點是用太陽、月亮與上升點的經度來計算，這是古代占星學中常用的技巧。在希臘占星學捲土重來之際，這個技巧也復活了。這是許多阿拉伯或希臘技巧之一，但卻是最為人所知，也最廣泛被運用。在大部分的占星軟體裡都可以計算幸運點。

幸運點的計算方法如下：

在一張日間盤裡，也就是星盤上的太陽，位於南半球或是在地平線之上。若太陽在上升點，則幸運點位於月亮所在的位置。

在一張夜間盤上，也就是星盤上的太陽，位於北半球或在地平線之下，若月亮位於上升點，則幸運點會在太陽所在的位置。

在這兩個例子裡，你先算出太陽與月亮之間的度數，然後根據上生點在出生盤上的位置，順時針或逆時針計算相同距離，找到幸運點的位置。

幸運點通常就像這個名稱一樣，指出你會找到幸運之處，以及你如何輕易地找到豐盛或財富。幸運點所在的星座與宮位，則是你會找到幸運的地方。例如，幸運點在雙子座第六宮，可能指出幸運財富會透過說話或寫作而來，特別是如果你所做的是聚焦在服務他人的話。

月交點事實：蝕與靈魂團體

當新月或滿月發生，靠近月亮交點時，從我們的視點看，就會發生蝕。

月蝕（滿月）會發生在地球來到太陽與月亮之間，且在南北交點的 11 度 38 分內。日蝕（新月）會發生在月亮來到地球與太陽之間，且在南北交點的 17 度 20 分之內。度數相位越接近南北交點，蝕的整體性就越高。

南北月交點停留在黃道的兩個星座中，南交點在其中一個星座，北交點就會在對面的星座，會在一個星座停留約一年半。在這段期間，所有的蝕會在其中一個星座中發生。

任何人出生在那段期間，都會共享相同的南北交點，由於南北交點代表著靈魂發展的路徑，因此，這些人可說是屬於相同的靈魂團體。

月交點的週期大約是十八年半，因此，在我們出生後十八年半出生的人，會與我們屬於相同的靈魂團體。而那些在我們之前或之後的九年半出生的人，交點會跟我們相反，我們常常會感覺到，被這些相反的人所吸引，因為他們幫助我們發展這些北交點的特質。

☽ 逆行的行星（Retrograde Planets）

從我們地球的視點看起來，那些行星似乎往後退時，我們就稱這顆行星是在逆行。沒有任何行星實際上會後退走，這些逆行是因為當行星在最靠近地球的點時，因為速度上的相對差異而

造成。當行星距離地球比較遠，看起來就會是往前走。事實上，在我們的太陽系統中，所有的行星都繞著太陽轉，因此，這些異常狀況，都是因為我們是以相對的運轉軌道的觀點，才會看起來像逆行。

當行星顯示停止，然後轉為逆行或是在逆行期間結束轉為順行時，這幾天稱之為停滯期。太陽與月亮從來不會逆行，其他所有行星都會逆行，水星一年會逆行三或四次。在一張星盤上，逆行的行星會被用紅色字標示或是會在行星旁邊寫上一個「R」字。停滯的行星會在旁邊寫上一個「S」。逆行期間在停滯期前後幾天，處於最強狀態。

明顯的逆行影響是因為它離地球很近，而且從我們的角度來看，地球似乎在回溯黃道帶的某個區域，從而更能敏銳地感受到它的能量。回溯黃道帶某個區域的路徑，會使我們更走向內在或夜間的旅程，或是邀請我們吐氣並釋放那些行星順行時的功課。

如果本命盤有逆行行星，你可能會覺得有點不符合那個生活領域的社會規範——你會按照自己的節奏前進，這也是一個你會更專注於內心的領域。如果逆行的行星是一個內行星的話，聚焦於內在的狀況會被強調，像是水星、金星或火星，如果是木星或土星逆行，這個人可能會覺得與主流文化在某些方面有點格格不入。如果一個外行星——海王星、天王星或冥王星逆行，那麼這個人可能會覺得與他們的世代在某些方面不合拍。在一張本命盤上，不太可能會有超過三顆行星逆行，不過，如果有人的星盤真的有這種狀況，那他們會感覺與他們出生所進

入的這個世界非常格格不入，且可能會是一個真正特立獨行的
人。

☽ 被劫奪的星座 （Intercepted Signs）

在使用不均等宮位系統，例如普拉德斯（Placidus）、波菲斯
（Porphyry）或科赫（Koch）時，就會發生星座被劫奪。這些都
是以時間為基礎的宮位系統，第一宮始於真正的上升點度數，
每一宮的大小不同，因為每一宮的計算，是以不同的方式劃分
圍繞著黃道的空間。在這些宮位系統中，星盤主人出生地點距
離赤道越遠，每一宮的大小差異越大。對面的宮位會一樣大，
所以，如果你有被劫奪的星座，那麼你就一定至少會有兩個星
座被劫奪。這也意味著同一個星座會主管兩個宮位的宮頭。

占星師們練習更多傳統技法，常常使用以空間為基礎的系統，
比如整宮制或等宮制，每個宮位都會一樣是三十度。

在星盤上，當一個星座被劫奪，那麼這個星座的能量就很難被
該人所使用，代表著障礙，他們會發現在他們早年的生活裡，
很難發展自己的這個部分，他們必須有意識地去學習發展這個
部分。觀察這個被劫奪的星座，其主管行星所在的位置與相
位，有助於你學習如何使用星盤上的這個部分。

逆行的解釋

所有的行星都有逆行時期，不過，月亮與太陽永遠都不會逆行。所有行星的逆行，都有不同的時期，也有不同的規律，稱之為會合期（synodic period）。

水星：一年會有三次，有時候甚至會有四次逆行，每 3.8 個月會逆行約 21 天。

金星：每 19.2 個月會逆行約 21 天。

火星：每 25.6 個月會逆行約 72 天。

木星：每 13.1 個月會逆行約 121 天。

土星：每 12.4 個月會逆行約 138 天。

天王星：每 12.15 個月會逆行約 151 天。

海王星：每 12.07 個月會逆行約 158 天。

冥王星：每 12.3 個月會逆行約 150 天。

☽ 占星學的行運

行運（transits）是行星星體正在進行的運動做解釋的一種方式，與本命盤有關。一個行星會經由任何相位來行運本命行星，這是一種預測趨勢與個人發展的方式。解釋一個行運，要將行運行星所在的星座與宮位，以及在星盤中被行運的行星或

點所在的星座與宮位綜合起來檢視。

觀察行運的其中一個最重要的方法，就是觀察行星回歸。這代表這個行星會回到他本來在本命盤中的相同位置，這通常發生在天王星以下的行星，因為海王星有一百六十四年的週期，冥王星則是二百四十八年的週期。

月亮回歸大約每二十八天發生一次，太陽回歸則是每三百六十五天一次。我們可以用任何行星的回歸，來做一張回歸盤，象徵著一個人的發展，並聚焦在那顆行星的下一個週期。

最普遍使用的回歸盤是太陽回歸盤，這是太陽回到與出生盤上的太陽同度同分的時刻。太陽回歸盤要使用出生當時的地點或是現在的居住地，占星師們的看法都不同，我自己喜歡用出生地。太陽回歸盤的解讀法類似本命盤，但是，只聚焦在即將來到的這一年。因此，這張回歸盤會指出你下一個太陽年會帶來什麼，以及你將要聚焦在哪裡。

其中一個最廣為人知的回歸則是土星回歸，大約發生在二十九歲、五十八歲與八十七歲的時候，會指出主要的成熟期或生命的階段。

現在，我們看了更多細節，添加了星盤分析的深度，接下來我們將審視你的召喚，讓你了解每個黃道星座適合什麼職業。

第三部
太陽星座之工作與愛情

在第三部裡，我們會涵蓋所有十二個太陽星座關於工作與愛情的內容，為你可能的事業提供一些想法，並讓你了解，與其他人相處時，如何與每個星座互相包容。

第十一章
從黃道星座看你的召喚

本命盤可以為一個人指出最能滿足、最能發揮一個人獨特天賦與能力的工作類型。不過無法精確說出你應該走哪一條事業之路，所以最好把星盤的象徵視為開放的可能性。

在這一章裡，我們會仔細審視理想的職業與個人的特質，因為它們與每個星座的職業有關。在這裡我們會為每個星座列出建議的職業，不過，請把這些建議作為其他可能性的跳板。例如，攝影師可能是基於星盤上的職業指標提出的建議，比如說雙子座中天，但是，如果星盤上有很重的第八宮特質的話，這個人可能會受到閨房攝影（譯註：閨房攝影是一種攝影風格，以攝影工作室、臥室或私人更衣室作為拍攝背景，拍攝親密，感性，浪漫，有時甚至是色情的圖像為特色）所吸引，因為那種攝影風格具有較深刻的主題與靈魂的挑戰。

為了對最適合你的職業獲得清楚的圖像，除了看太陽星座之外，我建議還要看本命盤上中天的星座或是第十宮的宮頭，然後再看那個星座的主管星位於哪個星座與宮位，這會對於你最適合哪一種工作給出較深刻的說明。

比較深度的解讀，也要去看第六宮，去看看什麼樣的日常工作

最適合你的個性，加上伴隨的元素與三態強調、星座中的星群與相位。

換句話說，必須考慮整張星盤，以獲得深度的職業分析。在這個脈絡下，我會舉出一些太陽星座的名人，但是解讀時不能侷限於我們的太陽星座，因此，當解讀你自己的星盤時，請把上述的一切都考慮進去。

☽ 牡羊座的工作

牡羊座最適合的，就是可以讓他們領導或獨立運作的工作，他們喜歡與人一起展開新的計畫，然後代表大家完成他們一起開展的工作。牡羊座喜歡速度快且具有競爭性的環境，在這樣的環境下，他們天生的熱情才不會受挫。

牡羊座總是大膽面對任何挑戰，準備好要冒險，而且絕不只是玩票性質。他們是這個世界裡勇敢無畏、坦承直接的人。消防員、外科醫生、急救醫療技術員、藝術總監、公共關係專業人員、軍事或執法人員、企業家、風險投資家、自由登山者、導遊、混合式健身教練或運動教練、運動員、金屬雕刻師、機械師、獵人、銀或其他金屬雕刻師與廚師……對牡羊座而言，這些都是理想的職業。

牡羊座老闆有可能是位鼓舞人心、能量充滿且得天獨厚的領導者。這個老闆對你的工作有什麼感受，都會讓你清楚知道，不管是最高的讚美，還是最無禮、最直接的批評。他對你沒有任

何報復的心態，只是直指核心而已。牡羊座老闆不喜歡人過度思考，他希望大家都把大量的能量投入工作，並且快速完成計畫。他們也享受讚美與尊敬，但是，他們可以在瞬間看穿任何虛假的奉承。

牡羊座員工有可能是最辛勤工作且最有能量的員工，只要你不要逼他們遵守嚴格的例行公事，或是把他們困在辦公桌前。

如果你的牡羊座員工感到無聊，他們可能就會去找別的工作了。當他們被賦予自主權並且對最少人負責時，他們會工作得最好。如果給他們自由，可以自行安排自己的行程與工作方式，他們會是最有生產力與動能的員工。

牡羊座同事一起工作時，不見得是最好的同事，除非你樂於讓他們領導，且讓他們做自己的事情。他們具有競爭性，喜歡當第一，因此，如果在他們做之前，其他同事就搶先照他們的方式去做了，這些牡羊座的反應不會很好。總之，如果你樂於讓他們領導，他們會充滿熱情且非常鼓舞人心。

牡羊座知名人士

女神卡卡、艾爾頓強、湯米‧席爾菲格（Tommy Hilfiger）與成龍都是出生於太陽牡羊座。

☾ 金牛座的工作

金牛座最適合的是能給予他們穩定感與安全感的工作。金牛座人忠誠且頑強,但也很固執與不易變通。他們也喜歡生活中的好東西:好食物、美麗與舒適的環境以及大自然。

金牛座喜歡生活中具體的事物,因此,他們喜愛做一些具體有形的工作,這意味著那些他們可以碰觸、看見、嗅聞、聽見與品嘗的事物。

對金牛座而言,適合的工作有銀行家、收銀員、金融家、貸款人員、歌手、農民、房地產專業人士、室內設計師、足科醫生、足療師、花藝師、園丁、景觀設計師、珠寶商、美容部落客、品牌大使、釀酒師、廚師、風景攝影師、行政助理,以及餐廳經理。

金牛座老闆是建造者,不管他們從事什麼樣的生意或領域,都會堅持不懈地擴展與成長。他們可能是所有星座中最有耐心的老闆,喜歡和諧與平靜的環境。因此,他們通常不太會對小問題做出反應,然而,遇到真正的大問題,就會讓金牛座變成一頭憤怒的公牛。不過,金牛座老闆在失去冷靜以前,通常會給員工補正錯誤的機會。

由於金牛座老闆喜歡扎實而穩定的結果,他們常常可以容忍需要額外時間把事情做好,而不會要求快速完成。他們喜愛有紀律且小心謹慎的員工。

金牛座員工可靠、穩定且值得信任。他們在工作場合中，像是一種舒緩的存在，危機不會使他們慌亂，事實上，危機可以帶出他們內在的最佳狀態，因為他們會冷靜處理狀況。

金牛座同事也是相處起來很愉快的人，雖然他們沉重緩慢的速度會使某些動作快的人感到挫折，他們對改變的抗拒也令人沮喪。不過，他們喜歡帶好吃的零食來工作場合，因此，如果你喜歡被款待，那麼很適合跟他們攀關係。他們也非常擅長幫助那些主動工作的人完成計畫。

金牛座知名人士

喬治・克隆尼（George Clooney）、史帝夫・汪達（Stevie Wonder）、巨石・強生、肯南・湯普森（Kenan Thompson）、山姆・史密斯（Sam Smith）、克莉絲汀・史都華（Kristen Stewart）全部都是出生在金牛座的人。

雙子座的工作

雙子座的愛講話、好奇以及水星天性，意味著他們最適合的工作，要能夠給他們很多持續學習新資訊的機會，還可以遇到很多人。他們並不愛例行公事或長時間坐著不動。雙子座具有說服力，通常是優秀的演講者，具有年輕的活力並且喜歡同時做好幾項工作。他們喜愛步調快的環境。

適合雙子座人的工作是科學家、廣告代理、記者、作家、教師、會計師、電腦程式設計師、工程師、項目經理、媒體分析師、通信專家、口譯員、運輸工人、司機、講故事的人、藝人、廣播或播客主持人、部落客、攝影師、導師、導遊、私人助理、銷售人員或電視主持人。

在雙子座老闆底下工作可能有點困難，因為他們具有焦躁與捉摸不定的本質。他們會不停地行動，當所有例行公事都交代出去，只需要想一些點子以及抽象計畫時，他們會有最佳的工作狀態。「改變」是雙子座老闆的常態，他們傾向於去注意一切正在發生的事情。

雙子座老闆非常討人喜歡，因為他們具有極佳的幽默感且擅長社交，但是，他們通常在情緒上相當疏離，他們不想捲入員工間充滿情緒的劇碼中。對於比較穩重型的員工來說，替雙子座老闆工作感覺就是一團混亂，但他們不是會混亂的人。如果你可以在充滿變動性且快節奏的環境中生活，那麼你跟這個老闆一起工作會很有樂趣。

雙子座員工不喜歡任何形式的框架，如果他們感覺被困住，就會非常激動，反倒沒有效率。雖然他們看起來似乎心不在焉，但是他們真的有在過濾資訊，而且會把工作完成，特別是當他們天賦的技能有被好好利用，就更是如此。談判薪資對他們來說也不是什麼難事，因為他們總是善於爭論自己為什麼值得加薪。

作為同事，雙子座會很有趣，但也很會分心，因為他們的心思

常常會從一個主題飛到另一個主題。他們會跟一起工作的每個人都聊上一輪，但是，他們會是工作場合中的生命與靈魂，他們還可能會組織工會或活動。

雙子座知名人士

瑪莉蓮·夢露（Marilyn Monroe）、保羅·麥坎尼（Paul McCartney）、哈維·米爾克（Harvey Milk）、大威廉絲、，翁山蘇姬（Aung San Suu Kyi）、拉薇安·考斯克（Laverne Cox），與喬治男孩都是出生在雙子座。

☽ 巨蟹座的工作

巨蟹座的人具有適應力，還能夠滋養他人。他們最適合的職業，在某些方面會與照顧人或照顧家庭有關。他們也很傳統，熱愛所有與傳統及情感有關的東西。他們與職業上的情緒連結很重要，不然他們會看起來比較情緒化，甚至可能會憤怒。他們通常對財務很擅長。

適合巨蟹座的工作是護士、兒科醫生或婦產科醫生、諮商師、業務經理、家庭經紀人、房地產經紀、考古學家、歷史學家、餐飲服務商、麵包師、營養師、食物治療師、專業組織者、風水師、教師、廚師、內容經理、品牌推廣專家、網站設計師、社會工作者或銷售員。

巨蟹座老闆對於工作倫理很嚴格，並且會為他們所處的專業或產業鞠躬盡瘁。他的員工若努力工作，就會獲得報酬，但是，只要偷懶摸魚或是不懂控制時間，都會遭到巨蟹座老闆臭臉。巨蟹座自己對財務安全感的需求，會使工作場域變成嚴肅的區域，因此，如果你有一個巨蟹座老闆，要小心且嚴肅處理所有事情，才是上上策。

巨蟹座員工主要是為了財務安全感而工作，因此，他們會對自己的職業很嚴肅且非常勤奮。他們確實會期待他們的勤奮會獲得獎賞，得到適當的加薪。如果他們獲得了回報，他們會在一個職位留非常久。巨蟹座也會以爬上階梯頂端為目標奮鬥，他們最大的缺點是，萬一在他們的生活中有任何情緒的上的問題，他們很難把私生活的問題跟工作分開。

巨蟹座同事是天生的團隊成員，他們常常是善良且在乎與他們一起工作的人。不過，他們需要一個沒有壓力的工作環境，萬一事情一團糟，他們的情緒也會一團糟。

巨蟹座知名人士

納爾遜・曼德拉（Nelson Mandela）、馬拉拉・尤賽夫沙（Malala Yousafzai）、喬治・麥可（George Michael）、梅西・埃利奧特（Missy Elliott）、麥可・佛萊利（Michael Flatley）、以及丹尼・葛洛佛（Danny Glover）都是出生在巨蟹座。

☌ 獅子座的工作

獅子座喜歡在聚光燈下，他們是黃道上的王室——至少他們期待被當作王室般對待。獅子座充滿熱情、愛玩、具有創造力與娛樂性。由於他們是天生的領導者，因此，他們的最佳職業就是將他們放在領導者的位置上，或是去做某些可以讓他們發出萬丈光芒的事情。

獅子座擅長的職業，比如演員、DJ、平面設計師、廣告代理、喜劇演員、廣播員、執行長、政府工作人員、建築師、導演、活動策劃師、媒體戰略家、影片部落客、模特兒、產品推廣員、銷售主管、珠寶商、藝術家或兒童藝人。

獅子座老闆天生就是要來領導，他們也會讓所有人都知道這一點。獅子座是個好的組織者，他們會很聰明地將任務分配給小組。他們也會對新的想法開放，但總是不太擅長稱讚提出新想法的人。獅子座通常會創造出一個相當浮誇的工作環境，只要你一直讓他們當老大，這一切就會很有趣。絕對不要壓過獅子座老闆的風采，因為他們很驕傲，而且，如果受到阻撓，他們的行為反應就會變得很幼稚。

作為員工，獅子座的人需要奉承阿諛，以及大量的讚美與關注。他們也喜歡有好的頭銜與地位。如果忽視他們，他們會深深受傷，以後就不會好好的回應你了。他們需要一個可以展示自己天分的位置，一旦獲得這個位置，他們在工作崗位上的忠誠與驕傲，就會非常強大。

如果你對獅子座同事真誠，他們在工作上會對你很忠誠。他們確實傾向於認為自己在工作上是老大，因此，權宜之計就是讓他們相信這一切真的是由他們掌管。當一個獅子座的驕傲與心受到傷害，他們經常會表現出孩子氣的行為，還會不爽。但是，當獅子座快樂的時候，他們會使整個房間亮起來，對身邊每個人都很好。多多讚美並關注你的獅子座老闆，對大家都有好處，因為他們會對所有員工回報他們的愛。

獅子座知名人士

瑪丹娜、魔術強森（Magic Johnson）、安娜・派昆（Anna Paquin）、惠妮・休斯頓以及黛咪・洛瓦托（Demi Lovato）都是出生於獅子座。

♍ 處女座的工作

處女座最適合的工作，就是要善用他們批判與分析的能力。他們喜歡使用雙手的工作，運用手眼協調的能力去做技術性的工作。具有高度的組織與細節導向，他們也會受到那些會感受到意義以及有益於更大利益的工作所吸引。換句話說，他們喜歡服務他人，無論從事任何職業都會追求完美。

對處女座而言，理想的職業是會計師、營養師或食物治療師、研究員、評論家、數據分析師、統計學家、審計師、管家、組織者、調查員、投資者、技術員、雕塑家、網頁設計師、時裝

設計師、3D 建模師、計算機工程師、獸醫、焊工、草藥師、接待員、心理學家、精神病學家、記錄員、圖書管理員、銀行職員、醫學研究員、編輯、技術作家、檢查員或工程師。

處女座老闆會注意到每一個細節，而且他的管理會有吹毛求疵的傾向，因為他們要每件事情都依照他們的完美標準做好。他們會在計劃表上寫上很多時間，在下決定前先想很多，但是，那也可能意味著，有時候他們缺乏大局的觀點。

處女座對自己的批判最嚴厲。雖然處女座老闆有非常高的標準，但是，他們並不是專制獨裁者，他們非常擅長危機管理，因為就像大部分的土象星座，他們是很有耐心的一群。

作為員工，處女座缺乏自我滿足感，想要服務人，但他們確實在乎公平，所以他們需要得到公平的報酬，而且他們很可能會要求你遵守聘僱合約裡每一個細節。由於處女座傾向於擔心，他們關注的這些細節，反映出他們對於財務不穩定與獨立的擔憂。把他們放在一個充分利用他們對細節關注的位置，你和你的公司都會得到很好的回報。

處女座同事是個照顧者，他們會幫助一些比較草率的同事去注意細節，但是，有時那會讓人覺得是在批評與挑剔。當細節沒有被照顧好時，他們有時候也會焦躁不安且有壓力。如果你需要一顆頭痛藥之類的，你的處女座同事手上就會剛好有，因為他們對於健康的所有層面都有濃厚興趣。他們可能有很多待辦事項清單。

處女座知名人士

碧昂絲（Beyoncé）、粉紅佳人（Pink）、基努・李維（Keanu Reeves）、史蒂芬・佛萊（Stephen Fry）、莉莉・湯琳（Lily Tomlin）、以及德雷莎修女（Mother Teresa）都是出生於處女座。

☽ 天秤座的工作

天秤座人喜歡和平、和諧與平衡，在一個可以反映出這種能量的氛圍中工作最好。他們也是人群導向的人，喜歡與他人交流，建立關係。因此，他們真的不太愛獨自一個人工作，他們也喜歡任何創造公平的職業。

對天秤座人而言，理想的工作有藝術家、人力資源經理、調解員、外交官、化妝師或髮型師、平面設計師、律師、媒人、時裝設計師、指導顧問、談判員、活動策劃師、護士、業務管理員、品管人員、音樂家、政治家、創意廣告代理人、文科教授、社會工作者或勞資關係官員。

天秤座老闆比較適合在合夥關係中工作而不是獨資，不過，不管是哪一種，他們都會經營出一個公平與正義的組織，在各方面都力求平等地對待每一個人。他們一直努力想取悅每一個人，使天秤座的人顯得猶豫不決與搖擺不定。他們不喜歡躁進與愛爭執的員工，他們會特別欣賞外表整理的很好且舉止合宜的人。

天秤座員工會把他們的平靜帶入工作的狀態，也是機智與社交的典範，只要周遭沒有大呼小叫與爭吵，他們跟每個人都能處得來。他們有往上爬的野心，而作為一個風象、日間星座，他們也喜歡可以發揮自己聰明才智的任務。

天秤座同事很優雅、機靈，傾向於與每一個人當朋友。他們不會在熱烈的討論中選邊站，他們確實常常會對人不對事，不過，面對你的時候，還是會擺出善意的態度，以便在工作場所裡維持愉悅的氣氛。

天秤座知名人士

小威廉絲、娜拉提洛娃（Martina Navratilova）、奧斯卡‧王爾德、威爾‧史密斯（Will Smith）、火星人布魯諾、以及卡蒂比（Cardi B）都是出生於天秤座。

☾ 天蠍座的工作

天蠍座是深刻而複雜的星座，他們工作的最佳環境，是能夠滿足他們強迫症傾向，讓他們能夠深入工作的地方。由於他們是非常注重隱私的人，他們獨自工作會做得很好，不會熱衷於茶水間的閒聊。

適合天蠍座的職業是心理治療師、外科醫生、偵探、研究員、工程師、法醫科學家、財務顧問、市場分析師、票據收集者、

調查員、政治家、政治分析家、禮儀師、體檢醫師、生育專家、性治療師、化學家、薩滿治療師、閨房攝影師或喪葬業者。

天蠍座老闆很強勢，可能會令人生畏，因為他們具有穿透力，可以看穿他人的動機，他們會利用這種能力來發揮自己的優勢。天蠍座老闆不會立刻信任他們的員工，然而一旦信任，對於值得獎賞以及有天賦的人，他們也不吝於給獎賞。他們的缺乏信任，可能會在委派工作時製造問題，使團隊生產力降低。

天蠍座員工獨來獨往、非常冷靜並由內散發出自信。他們是最足智多謀、一心一意、最有上進心的員工，但對雇主和同事來說可能很可怕。他們最好是被分配到一項深刻而艱難的計畫，那可以讓他們在自己的區域獨自工作。

天蠍座同事有強烈的存在感，可以看進同事們的內在心理。他們天生聆聽的能力，意味著別人會與天蠍座人分享最深刻的問題，但是，他們很少因此了解自己。因為他們非常勤奮，所以如果你不期待任何輕鬆的事物，他們就會成為你最佳的同儕夥伴。

天蠍座知名人士

李奧納多‧狄卡皮歐、朱蒂‧佛斯特（Jodie Foster）、德瑞克（Drake）、琥碧‧戈柏（Whoopi Goldberg）、提姆‧庫克（Tim Cook）、魯保爾（RuPaul）與茱莉亞‧羅伯茲（Julia Roberts）都是出生於天蠍座。

☽ 射手座的工作

射手座天生好奇、樂觀、喜歡冒險，最適合能夠讓他們在身體或精神上自由探索的職業。在可以讓他們天生的哲學本質閃閃發亮，以及他們可以持續探險新領域的地方，就會帶給他們滿足感。

射手座適合的職業有神學家、瑜伽老師、出版商、導遊、旅行社、翻譯、律師、法官、教授、高中教師、大使、運動員（尤其是馬術）、企業家、酒店經理、營銷人員、銷售人員、傳教士、建築師、考古學家、公共關係經理、私人教練、品牌大使或旅遊部落客。

幫射手座老闆工作很有趣，跟他相處也很酷。他們非常好相處。由於他們對知識與新經驗很渴望，因此會給員工機會去擴展他們自己的知識領域。缺點是射手座惡名昭彰的講錯話症候群，可能會因為他們的心直口快與誠實而冒犯到身邊的人。

作為員工，他們積極向上的態度令人耳目一新，他們的熱情和自信可以感染其他員工。然而，他們會質疑別人對他說的每一件事，因為他們不喜歡被告知「事情就是這樣」，而且他們直率的誠實可能不會被接受。通常，他們聰明的頭腦與敏銳的方法會勝出。

只要你跟得上他們的腳步，跟射手座同事相處是很開心的事情。他們通常會有一種諷刺的幽默感，喜歡惹別人發笑，他們也很愛辯論。他們有想使周圍的人提升的傾向，這使他們很適合與人一起工作。

射手座知名人士

泰勒絲、比莉・珍・金（Billie Jean King）、妮基・米娜（Nicki Minaj）、雷文・西蒙尼（Raven——Symoné）、吉安尼・凡賽斯以及傑米・福克斯（Jamie Foxx）都是出生於射手座。

♑ 摩羯座的工作

摩羯座是真正的建造者，他們喜歡創造堅固耐久的事物，無論那是一棟建築、一份職業，還是一門生意。他們適合能夠發揮強烈職業道德感的環境，並且能自然融入其企業精神，因為摩羯座喜歡結構化和既定的等級制度。

適合摩羯座的職業是會計師、專業組織者、教師、收銀員、骨科醫生、財務規劃師、電腦程式設計師、首席執行官、文案撰稿人、業務分析師、建築師、顧問、分析師、客戶服務經理、法律秘書、珠寶商、建築工人、電工、人力資源經理、中盤商經理、牙醫或森林管理專業人士。

摩羯座老闆會盡心盡力、辛勤工作且非常認真建立自己的事業與業務。你會發現摩羯座老闆工作極其認真，他們工作時數很長，常常無法享受生活中的任何樂趣。摩羯座老闆可以很有效率地管理一個團隊，也擅長管理麻煩的客戶與危機狀況。嚴肅且任勞任怨的團隊成員會得到摩羯座老闆的讚賞。

摩羯座員工可能是組織裡，工作起來最任勞任怨的人，也從來

不會戲劇化地大驚小怪。因此，摩羯座的人會內斂務實，遵守職場規則，頑強地順著梯子往上爬。

身為同事，摩羯座可能會確認每個人都正確地做好自己的工作，且對任何不守時或做事馬虎的同事皺眉。他們也可能會是第一個同意超時工作的人，他們非常可靠，也會很慷慨地花時間去幫助同事。

摩羯座知名人士

大衛・鮑伊（David Bowie）、瑞奇・馬丁（Ricky Martin）、丹佐・華盛頓（Denzel Washington）、艾倫・狄珍妮（Ellen DeGeneres）、貝蒂・懷特（Betty White）、以及瑪莉・布萊姬（Mary J. Blige）都是出生於摩羯座。

☽ 水瓶座的工作

水瓶座是黃道十二宮裡最不墨守成規的人，他們不太守規則，因此最適合的就是可以發揮自己創意和古怪天性的環境。他們也是黃道上的人道主義者，因此，如果他們感覺自己的職業會帶來某些良善的結果，他們會更加滿足。他們常常在非常高的心智層次上運作，因此，他們最快樂的時刻，就是使用頭腦的時刻。

適合水瓶座的職業有占星師、天文學家、電腦程式設計師、發

明家、教授、環境工程師、政治戰略家、法官、社會工作者、毒理學家、演員、專案經理、研究員、物理治療師、私人教練、數據分析師、環境規劃師、詩人、音樂家、電工、X光技術員、技術顧問、修車工人、航空航天工程師、神經疾病學家或催眠治療師。

水瓶座老闆會是改革者與創新者，他們會創造做事的新方法，也會對你創新的想法抱持開放態度。這種老闆喜歡明智，情緒是疏離的，因此他們不喜歡在工作場合上有戲劇化的情緒表現。他在思想與生活上是如此獨立，因此，他們常常會獨自工作而不是與一個團隊一起工作。

水瓶座員工會有很多朋友，但是深交的很少，他們會吸引團隊來到身邊，也可能顯得心不在焉，容易忘記平凡的細節，因為他們的頭腦持續連結著許多有關如何以大局來運作這些事物的點。總之他們認真、忠誠又古怪。

一個水瓶座同事的智力水準很有意思，他也對你的智力很有興趣。可以期待與他們來場友好的智性對話。他們可能也會試著拉你參與他們最近的人道活動，他們富有同情心，但會想採取實際行動，而不是在情感上安撫他人。

水瓶座知名人士

艾莉西亞‧凱斯（Alicia Keys）、愛莉絲‧華克（Alice Walker）、賈斯汀‧提姆布萊克（Justin Timberlake）、哈利‧

斯泰爾斯（Harry Styles）、麥可·喬丹（Michael Jordan）以及歐普拉（Oprah Winfrey）都是出生於水瓶座。

☽ 雙魚座的工作

雙魚座是黃道十二宮的夢想家和創意者，最適合那些讓他們憑直覺和創造性流動，並且可以隨情緒需要改變方向的職業。除非他們以創造性的能力工作，否則企業界通常不適合他們，因為商務上的具體細節通常不是他們的強項。

適合雙魚座本性的職業有通靈者、靈媒、藝術家、家居裝飾師、社會工作者、非營利工作者、顧問、護士、物理治療師、電影製作人、音樂家、健康教育家、攝影師、能量治療師、看護人、藥理學、小說作家、足病醫生、麻醉師、廣告主管、物理學家、獄卒、詩人、演員、招聘人員或潛水員。

雙魚座老闆在創意產業工作時，表現最好，他們柔軟而溫和，不善於領導及給予指示。作風強勢的員工會挑戰這個雙魚座老闆，但是，如果雙魚座老闆的團隊相信這位老闆的願景與直覺的洞見，那麼他們就會工作得很好。

雙魚座員工必須處於適合他們感性靈魂的職業中，嘈雜、挑戰與快速移動的環境，會使雙魚座員工感到很悲慘。如果雙魚座在一個平靜的環境中工作，他們很會盡責。雙魚座善解人意的天性使他們最適合小團隊，他們需要保護自己免受周圍每個人的情緒影響。

雙魚座知名人士

雷哈娜（Rihanna）、愛倫·佩吉（Ellen Page）、汪達·賽克斯（Wanda Sykes）、喬·漢姆（Jon Hamm）、崔佛·諾亞（Trevor Noah）、喬治·哈里森（George Harrison）、以及史帝夫·賈伯斯（Steve Jobs）都是出生於雙魚座。

第十二章
從星座中看你的愛情

在這一章，我們會仔細討論黃道上每一個星座的愛情速配度。當然，在一個人的星盤上，還有其他重要的影響與因子，會協助我們確認愛情速配度，而這裡的分析提供的是一般性的指引與概略，讓人了解每一個太陽星座如何面對愛情。如果你在太陽星座之外，更深度去分析，那麼你就要根據第二部的方式來製作出生盤。那樣的資料就可以提供更多資訊，以了解每一個人的優點、獨特的性格以及如何合作。在兩張圖之間，所有的行星、宮位配置以及相位，會在速配度解讀時增加細節與細微差異。

請注意，沒有什麼「好」或「不好」的配對。每個人、每個星座都很複雜，比如說金星與火星這兩者的結合，在很多占星書或文章中都不被看好，很可能實際上是可行的。把這些只當做一般的指南，跳出框架來思考，比如說，把用在星座上的描述，套到某個人金星所在的星座上來思考。同時深入解盤時，也要考慮到兩張星盤之間下降點的星座、宮位配置以及相位。我們都是複雜的人類存有，光靠太陽星座的連結，只會告訴我們一部分的故事。

☽ 戀愛中的牡羊座

戀愛中的牡羊座，大膽、直接且坦率，他們會去追求他們熱烈渴望的人。由於他們很直接，因此，當你與一個牡羊座的人在一起，你總是會知道你在他心中的地位。他們總是啟動一段關係的那個人，他們對人生的熱情非常吸引人，但是對某些比較溫和的星座來講，會覺得壓力有點太大，而且似乎太具有侵略性。他們永遠不會讓問題擺爛。

愛的配對

牡羊座 VS 牡羊座｜火象組合，極度熱情。兩個人都很獨立且具有競爭性，會讓關係很活潑，有時候會有爆炸性的爭鬥，不過，雙方實際上相當享受這種棋逢對手的感覺。

牡羊座 VS 金牛座｜是快速、熱情與緩慢、感性的組合。牡羊座會逼金牛座採取行動，金牛座會把衝動的牡羊座安撫下來。

牡羊座 VS 雙子座｜這是個團隊，牡羊座領導，雙子座提供想法，牡羊座會搧風點火，這兩個星座在一起，絕對是樂趣滿滿。

牡羊座 VS 巨蟹座｜絕佳團隊，牡羊座伴侶負責所有外在世界的行動，巨蟹座伴侶則會維持家裡的活力。

牡羊座 VS 獅子座｜另一種火象組合，他們之間會有很多樂

趣，也會有一些爆發性的爭鬥。牡羊座比較像是一個啟動者，而獅子座則是讓啟動的計畫得以實現。

牡羊座 VS 處女座｜衝動與保守主義的混合體，牡羊座提供刺激，讓處女座活潑起來。處女座則帶來耐心與務實，使牡羊座腳踏實地。

牡羊座 VS 天秤座｜牡羊座的行動與獨立，加上天秤座的協商與團隊合作的混合體。如果牡羊座能夠試著妥協一點點，天秤座則時不時地讓牡羊座領導，那麼兩個人也會處得不錯。

牡羊座 VS 天蠍座｜這是對熱情的組合，牡羊座的開放與誠實，會穿透天蠍座比較注重隱私與偵探般的能量。

牡羊座 VS 射手座｜又是一對火象與冒險的組合，只是射手座缺乏策略機制，牡羊座需要擔任主導者，這些偶爾會導致一些問題。

牡羊座 VS 摩羯座｜這組配對有可能成功，只要個人對於獨立與成就感的需要，受到尊重而不是想要試著控制對方。

牡羊座 VS 水瓶座｜是另一個勇敢與衝動的組合，兩者似乎都會分享惡趣味。

牡羊座 VS 雙魚座｜的組合可以運作得不錯，只要牡羊座覺察到雙魚座的敏感，並學著妥協一點點。雙魚座則會永遠忠誠的跟隨牡羊座的隨興所至。

☽ 戀愛中的金牛座

戀愛中的金牛座忠誠，很難冒著犯錯的風險，需要很長的時間才能讓他們做出承諾，而一旦給出承諾，你可以絕對確定他們是認真的。只要進入一段關係，他們對家庭的忠誠度與財務穩定感，會使他們為他們所選擇的人鞠躬盡瘁。如果受到傷害，他們確實會很難原諒。

愛的配對

金牛座 VS 金牛座｜兩個人都很忠誠且腳踏實地，他們都很享受一起舒適的在家裡，會準備好一起建立那個家。

金牛座 VS 雙子座｜這一對需要妥協，金牛座要少一點點固執，多一點點社交意願，雙子座則要多一些耐心，腳步稍微放慢一點。

金牛座 VS 巨蟹座｜彼此都很忠誠且多情，他們會一起創造出一個非常美好的家，滿足彼此情緒上的需要。

金牛座 VS 獅子座｜這段關係會需要很多妥協，因為獅子座熱情，為了今天而活。而金牛座的人則是務實與耐心，為了穩定感而活。當然，這意味著如果他們可以妥協，他們還是可以在一起。

金牛座 VS 處女座｜這組星座是很好的配對，因為他們都務實

且負責任。處女座帶來一點點幽默感，金牛座則帶來更多感受性。

金牛座 VS 天秤座｜兩者都由金星主管，兩者都是浪漫且愛奢華的星座。如果金牛座可以覺察到天秤座需要社交與調情，天秤座可以覺察到金牛座對穩定的需要，那麼他們就可以相處得不錯。

金牛座 VS 天蠍座｜是兩極相吸的例子，兩者都傾向於帶出彼此最佳的優點。在財務上，他們會極度的穩定，雙方都非常感性。

金牛座 VS 射手座｜會相處得不錯，因為金牛座會為偶爾有些輕浮的射手座帶來腳踏實地以及常規，而射手座則會為這個組合帶來一些隨興所至與樂觀主義。

金牛座 VS 摩羯座｜是一組土象與務實的組合，摩羯座會帶來野心與幽默感，金牛座則帶來堅定，並提供家的基礎。

金牛座 VS 水瓶座｜需要接納彼此的不同，不過，如果雙方有類似的人生觀，就可以相處。水瓶座喜歡打亂一切，很愛智性的探索。而金牛座則喜歡比較務實與腳踏實地的事物，當然，如果雙方能夠各退一步，就可以相處。

金牛座 VS 雙魚座｜是一對好的組合，金牛座腳踏實地的務實與穩定，配上雙魚座較多一點的主義與同情心。雙方喜歡從彼此身上學習而不是挑戰。

金牛座 VS 牡羊座｜的組合，雙方不是彼此吸引就是互相排斥，快動作的牡羊座會逼金牛座採取行動，金牛座會把衝動的牡羊座安撫下來。

☽ 戀愛中的雙子座

戀愛中的雙子座速度快、輕浮、善於交際，需要智力刺激，以致於他們經常將自己的愛人視為最好的朋友，這只是意味著比較沒那麼重視關係中肉體的層面。他們是充滿好奇且極佳的聆聽者，這往往會吸引他們遇到的每個人。

愛的配對

雙子座 VS 雙子座｜非常需要至少其中一個人的星盤裡，有一些務實的土象元素。這個配對會充滿樂趣以及不安分的智力關係而顯得很不穩定，不過，兩人的友誼指數很高。

雙子座 VS 巨蟹座｜這一組，絕對需要在社交與隱私，以及輕鬆與敏感之間做出妥協。好奇心與樂趣，以及情緒上的安全感，只要帶著覺知，就能夠和諧並存。

雙子座 VS 獅子座｜這對伴侶會帶來充滿樂趣、多情的生活，可能還會辦很多派對。獅子座帶來一些原則，雙子座則帶來更多彈性，兩者互補。

雙子座 VS 處女座｜都是由水星主管，這意味著雙方可互相適應且溝通良好。處女座帶來務實感，雙子座則能幫助處女座更活潑一些。

雙子座 VS 天秤座｜這是不錯的配對，這一對喜歡常常出門，探索新的經驗與人，總是在分享彼此的想法。

雙子座 VS 天蠍座｜是深度加隱私、輕鬆加開放的組合，會為彼此帶來很多調整。一樣的是，如果雙子座允許天蠍座經常擁有獨處時間，而如果天蠍座有時發展出比較調皮好玩的面向，那麼這段關係就可行。

雙子座 VS 射手座｜這對有很多共同點，都喜歡智力探索與辯論，雙方都有很好的幽默感。這是一段輕鬆而好玩的關係。

雙子座 VS 摩羯座｜這對要合得來的話，需要一些彼此尊重與理解。因為摩羯座嚴肅，雙子座則完全不是如此。同樣的，雙子座要能夠為摩羯座帶來一些玩樂感，摩羯座則為雙子座帶來所需要的腳踏實地，那麼雙方就能相處。

雙子座 VS 水瓶座｜這是名副其實的智性相遇，兩個人的點子絕對不會用完，在一起有談不完的話題。雙方都愛社交，也愛彼此的獨立。

雙子座 VS 雙魚座｜會需要一些妥協，因為雙子座是外向的花蝴蝶，而雙魚座情緒化、害羞而敏感。不過兩個星座都具有彈性，因此，配合雙方的需要去做協調，是有機會好好相處的。

雙子座 VS 牡羊座 | 風象與火象的組合，這兩個元素在一起很合得來。雙子座是黃道上的模仿者，可能與牡羊座的熱情會速配，雙子座的心智會被牡羊座的火所點燃，所以很有趣！

雙子座 VS 金牛座 | 並不是最容易相處的伴侶，不過，相處起來會很有趣。金牛座會發現很難跟上雙子座，雙子座有時候會希望金牛座可以更愛社交，少一點固執。但是，如果雙方可以妥協，這會是不錯的關係。

速配度不只是看太陽星座

我在這裡給出不同星座速配度的概述，根據的是太陽星座。但是，還有其他方法可以窺知速配度，比如考慮以下這些因素：

日間能量往往更能彼此了解，也就是火象與風象星座：牡羊座、雙子座、獅子座、天秤座、射手座與水瓶座。因為他們通常活潑、愛社交且具有冒險精神，而主要的障礙則是缺乏務實性與情感連結。

同樣的，夜間能量——金牛座、巨蟹座、處女座、天蠍座、摩羯座與雙魚座，通常來講會比較速配，他們喜歡穩定、有生產力與互相羈絆的關係。他們主要的障礙在於缺乏刺激、自發性與樂趣。

相同的原則適用於星盤上任何行星的連結，以及兩張出生盤上角度之間的連結。

☽ 戀愛中的巨蟹座

巨蟹座談戀愛時體貼而敏感，他們墜入情網既快又狠。他們可能會很快就給予承諾，並且把一切都奉獻給他們的伴侶，但是，當他們感覺不到愛的回饋時，他們的敏感會帶來情緒性的索求。巨蟹座的人會成為他們所愛之人的擁護者，所以，請用他們應得的愛來對待他們。

愛的配對

巨蟹座 VS 巨蟹座｜這段關係充滿了愛、多情與忠誠，彼此都能輕易感受到對方的需要。但是他們需要安全感，可能會多愁善感，不過彼此都能了解對方的狀況，所以，不太會造成問題。

巨蟹座 VS 獅子座｜這會是非常有愛與熱情的組合，特別是當巨蟹座的人記得不斷給予獅子座稱讚與愛，還有獅子座可以稍微節制一下他們肆無忌憚的行為的話。

巨蟹座 VS 處女座｜是一組具有耐心、腳踏實地且忠誠的組合。這兩個星座非常了解彼此，土象的處女座對巨蟹座的多愁善感很有耐心。一般而言，他們會宅在家裡，而且經濟上很保守。

巨蟹座 VS 天秤座｜這可能是很困難的配對，如果巨蟹座的人無法理解天秤座與其他人接觸的需要，而天秤座不努力滿足巨蟹座的情緒需求的話，這段關係就會很困難。當他們可以這麼

做，他們就可以用新的方式享受彼此的關係。

巨蟹座 VS 天蠍座｜彼此之間具有直覺上的連結，是在情緒上會達到深刻滿足的一對。天蠍座確實比巨蟹座需要更多獨處時間，但是，那不太會是問題。

巨蟹座 VS 射手座｜這一對會有一些困難，因為射手座是一個自由的靈魂，巨蟹座則需要安全感。不過，射手座一旦真的墜入情網，他們通常會給予深刻的承諾，因此，光是這一點加上妥協，這段關係就行得通了。

巨蟹座 VS 摩羯座｜在忠誠度與安全感上，是一段不錯的關係，但是，摩羯座在情緒上有時會太冷漠，因此，如果他們能夠展現一點點情意，這一對就可以長遠地走下去。

巨蟹座 VS 水瓶座｜是情感需求與客觀思考的混合體，這會使雙方都不滿足，除非兩個人都能體認到彼此有不同的需要。

巨蟹座 VS 雙魚座｜這是很棒的配對，因為他們幾乎有一種心靈上的連結，雙方都充滿關愛與情感。巨蟹座比較善於管理金錢，他們會喜歡在家裡，沉浸在兩人的世界裡。

巨蟹座 VS 牡羊座｜在一起還不錯，當巨蟹座比較聚焦在家庭裡時，牡羊座就聚焦在外在世界的事情。如果牡羊座伴侶能夠花點時間表達他的情感，這段關係甚至會更加成功。

巨蟹座 VS 金牛座｜另一種忠誠與多情的配對，兩者都會聚焦

在家庭與財務的安全感上，他們都會很能夠滿足彼此的需要。

巨蟹座 VS 雙子座｜是不錯的一對，只要巨蟹座可以接受雙子座的輕鬆、有趣與調情的天性，而雙子座可以把他感到有趣的注意力轉向他的伴侶而不是他人。

☽ 戀愛中的獅子座

戀愛中的獅子座會令人感到興奮與心胸開闊，只要他們感受到自己的愛有得到回報。他們是有愛心的好夥伴、好父母。然而，因為他們心胸是如此開闊，如果身邊沒有人給予他們愛與關注，他們就很容易受傷。

愛的配對

獅子座 VS 獅子座｜在一起很可愛，只要雙方都沒有想要掌控另一方。他們會讓彼此沉浸在愛、讚美與關注之中。如果他們這麼做，就真的會是一對快樂的組合。

獅子座 VS 處女座｜可以是不錯的配對，有獅子座的樂趣與處女座的穩定混合在一起，只要處女座放鬆一點，獅子座不要想要掌控愛分析的處女座就好。

獅子座 VS 天秤座｜通常會形成迷人而引人注意的一對，他們會一起享受不錯的社交生活。如果他們對彼此付出足夠的注意

力，他們就可以快樂的持續下去。

獅子座 VS 天蠍座｜是兩個固執且威力十足的星座，他們都喜歡戲劇性的爭吵，也都很忠誠。令人驚訝的是，這個組合常常相處得很不錯，即使常常非常激烈。

獅子座 VS 射手座｜是非常有趣也很有能量的一對，也會有點戲劇化。射手座可能必須試著節制一下他們毫不客氣的舌頭，如果他們不想挫傷獅子座的驕傲的話，不過，整體來講這是很棒的一對。

獅子座 VS 摩羯座｜可能是不錯的團隊，力量會隨著時間增長。他們彼此之間的力量能夠平衡得很好，可以啟迪對方，達到彼此的目標。

獅子座 VS 水瓶座｜是另一個活潑且令人興奮的配對。獅子座需要很多關注，但是，水瓶座常常有點太冷淡，會讓獅子座覺得受到的關注不足。如果水瓶座可以學習丟一些讚美出來，那就可以相處得不錯。

獅子座 VS 雙魚座｜可能會是一段不錯的關係，如果獅子座能夠採取慈愛與關心的管理者姿態去與雙魚座相處，而不是期待雙魚座為自己挺身而出的話。

獅子座 VS 牡羊座｜真的還不錯，只是雙方都是火象的關係，可能會有一些大戰，但是，他們也會分享很多笑聲。牡羊座的直接有時候可能會使獅子座柔軟的心受挫。

獅子座 VS 金牛座 ｜ 可以是美好的一對，如果雙方可以在金牛座對穩定而堅固的家的需要，以及獅子座的外向熱情本性與冒險傾向之間妥協的話。

獅子座 VS 雙子座 ｜ 是很令人興奮與活潑的組合。雙方都相當戲劇化、果敢，也都很愛社交與調情，但是，雙子座必須保證會把一些注意力放在獅子座身上，這樣獅子座的驕傲才不會受傷。

獅子座 VS 巨蟹座 ｜ 是還不錯的一對，如果巨蟹座與獅子座伴侶相處時，使用正向加強而不是批評，因為獅子座有一種收到多少愛與讚賞，就回報給對方多少愛與讚賞的傾向。

☽ 戀愛中的處女座

談戀愛時的處女座，是黃道上的理智情人，他們對待愛情小心謹慎。他們喜歡與可以進行智性對話的人在一起，但是，他們常常被比較外向直接，且會先採取行動的人吸引。他們喜歡承諾，會透過服務的行為來表達他們的愛意，而不是花言巧語或許多碰觸。

愛的配對

處女座 VS 處女座 ｜ 如果雙方承諾定期放下工作，處女座和處女座就可以相處。這兩個人是如此同步，如果沒有這種承諾，

他們可能形成「都在工作，沒有玩樂」的關係。

處女座 VS 天秤座｜如果都可以接受對方的做法，那麼他們可能是嚴肅與輕浮的混合體。這一對的優點是溝通能力，他們都有優秀的溝通技巧，因此，說出彼此的不同，會對兩人的關係有幫助。

處女座 VS 天蠍座｜是很速配的一對，如果處女座不要試著用邏輯去分析具有深刻感受的天蠍座，並且接受天蠍座人有他們先天且安靜的自信，當他們覺得跟一個人在一起很舒服的時候，會有很多時間處於靜默中。

處女座 VS 射手座｜是心智的相遇，但是兩人的方式不同。處女座比較內向而矜持，射手座比較外向而鬆散。如果這兩個人在中年相遇，這一對就可以相處。

處女座 VS 摩羯座｜這兩個土象星座非常速配。這兩個人非常了解彼此，也很能互補。

處女座 VS 水瓶座｜就智性上，會很享受彼此。不過，處女座會很受不了水瓶座的不切實際，雖然這兩個星座混合了想像力與實用性，其實很不錯。

處女座 VS 雙魚座｜很有挑戰性，是務實與理想主義式的夢想的組合，如果雙方願意妥協，這段關係才有可能性。雙魚座要試著稍微減少敏感性，處女座則要試圖更敏感一點。

處女座 VS 牡羊座｜如果處女座讓牡羊座當前導的那盞燈，而牡羊座讓處女座照顧實際上的細節，並且，了解到他們只是在享受著做自己，不要嘗試去控制，那麼處女座與牡羊座這一對就可行。

處女座 VS 金牛座｜兩人共享責任感與想要有生產力的渴望，建立可靠且整體而言穩定而和諧的關係。金牛座會帶進更多感性，而處女座會帶來更多幽默感。

處女座 VS 雙子座｜這一對具有極高水準的智性速配度。處女座會更務實，雙子座會更社交，有時候會更輕浮。把話談清楚，對兩個人總是有幫助。

處女座 VS 巨蟹座｜很速配的組合，兩個人都很內向且忠誠，這兩個人總是可以很直覺地理解彼此。

處女座 VS 獅子座｜如果處女座不要試圖用批評挫傷獅子座的驕傲，獅子座不要試圖去掌控，那麼處女座與獅子座這一對就可以相處得好。

☾ 戀愛中的天秤座

天秤座喜歡愛人以及被愛，他們非常親切，會讚美人，也會希望別人這樣對待他們。不過，他們對於要跟誰建立關係很挑剔，他們對於沒有安全感，或是視覺上沒有吸引力的伴侶比較沒興趣。

愛的配對

天秤座 VS 天秤座｜很速配，有時候他們會缺少一點熱情，因為他們如此協調，他們關係的基礎建立在心智上的相容。

天秤座 VS 天蠍座｜一開始就會有很多吸引力，不過，天蠍座的情緒深度與天秤座的社交性在長期關係中會帶來爭執。兩個人可能對彼此而言都是一團謎，不過，溝通可以讓兩人了解彼此的落差。

天秤座 VS 射手座｜有趣而樂觀的一對，他們有類似的幽默感，有助於超越他們在面對關係時會採取的不同態度。比如射手座講錯話症候群與天秤座的外交手腕。

天秤座 VS 摩羯座｜一組穩定的配對，摩羯座會以工作優先，天秤座則以關係優先，互補得很好。

天秤座 VS 水瓶座｜還不錯的配對，有很多共同點，將是具有強烈友誼元素的伴侶關係。

天秤座 VS 雙魚座｜是具有創意與理想性的伴侶，但是這種關係，缺乏雙魚座所需要的情緒連結。如果可以解決這個問題，那麼這段關係就沒問題。

天秤座 VS 牡羊座｜是相反的星座，彼此非常不同。天秤座喜歡團隊工作，牡羊座則是個人主義者。如果牡羊座可以試著稍微妥協，天秤座可以讓牡羊座領導，那麼就會是一段還不錯的

關係。

天秤座 VS 金牛座｜兩人都有很多金星的特質，因為兩者都是由金星主管。例如，他們會分享對和諧與奢華的熱愛。如果天秤座能夠容忍金牛座的悲觀主義，而金牛座能夠知道天秤座的輕浮本性是與生俱來的，那麼雙方都重視忠誠，在一起會相處得不錯。

天秤座 VS 雙子座｜是很棒的伴侶，只是有時候兩個人會猶豫不決。他們都喜歡交談與社交，因此，他們在一起會有很多樂趣。

天秤座 VS 巨蟹座｜會有點挑戰，巨蟹座需要情緒上的親密，天秤座則比較輕浮，需要更多社交。他們對彼此的忠誠會幫助他們好好地妥協。

天秤座 VS 獅子座｜是一對迷人的伴侶，兩者都多情、好玩且愛社交。他們很可能會一起花錢買快樂。

天秤座 VS 處女座｜似乎經常不合，天秤座很放鬆、漫不在乎且愛社交，處女座生產力高、嚴肅且保守。不過，這一對實際上可以互補，好好相處。

☾ 戀愛中的天蠍座

戀愛中的天蠍座性格強烈，幾乎可說是執迷，他們會把自己擁有的一切都丟進關係裡，並且鞠躬盡瘁與忠誠、渴望深刻的親密。他們確實需要獨處的時間，雖然他們需要一樣多的親密，他們的感受如此的深刻，使他們很難分享他們的感受。

愛的配對

天蠍座 VS 天蠍座｜威力強大到令人難以置信、激烈與戲劇化，可以把彼此內在最好或最壞的一面在不同的時間點都帶出來。如果兩人調和得好，他們就能天長地久。

天蠍座 VS 射手座｜完全不同，要努力讓最初的強大吸引力成功，天蠍座就要減少自身對隱私的需求與嚴肅的那一面，射手座則要發展一些隱私與嚴肅。

天蠍座 VS 摩羯座｜很速配的一對，因為兩個人都會勤奮工作、含蓄且重視安全感。他們會為關係帶來優勢互補。

天蠍座 VS 水瓶座｜儘管有很強的吸引力，但天蠍座和水瓶座常常會無法建立長期的連結，不然就是需要很多妥協才能和諧相處，天蠍座的情緒強度和水瓶座的超然可能會引起衝突，但只要努力解決分歧，兩人就可以相處。

天蠍座 VS 雙魚座｜是一種忠誠且情感上有連結的伴侶關係，

儘管雙魚座並不太喜歡天蠍座那種比較具有對抗性的傾向。兩人都傾向於精神和浪漫，並且會心甘情願為對方付出。

天蠍座 VS 牡羊座｜都喜歡控制，但是，他們之間有很多熱情。雙方都很享受那種強度，加上一點點溝通，就可以維持關係。

天蠍座 VS 金牛座｜就各方面來講，對彼此都是完美的。因為金牛座比較放鬆的風格，會與天蠍座的強烈互補，雙方都有類似的價值觀。

天蠍座 VS 雙子座｜這是有趣的能量混合，天蠍座深刻，而雙子座喜歡用輕鬆態度看待事情。雙方都足以吸引對方，以持續探索彼此要如何可以在一起，他們也常常這麼做，並找到在一起的方式。

天蠍座 VS 巨蟹座｜都有很深刻的情緒、敏感度，也都有強烈的佔有慾。事實上，這一對還真的能夠相處，因為他們在這樣的配對裡感受到安全感。

天蠍座 VS 獅子座｜非常熱情與戲劇化的關係，但是，會發現沒有衝撞就很難溝通。不過，雙方常常很享受這種高度激烈的配對，那會使他們維持對彼此的興趣。

天蠍座 VS 處女座｜這是互補的組合，可以相處得不錯。雙方都享受獨處的時間，並且能夠很容易就建立對彼此的信任。

天蠍座 VS 天秤座｜說話和生活的目的不一致，但儘管如此，彼此仍然有吸引力。天蠍座的隱私需求與強烈性格，會讓輕鬆的天秤座感到困惑，而天秤座的社交性會引起天蠍座的佔有欲，不過溝通與妥協會有幫助。

☽ 戀愛中的射手座

戀愛中的射手座處於高能量，充滿了狂熱與樂趣。別人常常認為射手座會拖延很久才給予承諾，但是，那只是因為他們正在探索，想找到一個可以讓他們一直感興趣的人。當他們真的墜入情網，他們通常極度忠誠，他們最容易被那些有野心與驅動力的人所吸引。

愛的配對

射手座 VS 射手座｜一種充滿了樂趣、熱情與探索的夥伴。他們都喜歡旅行以及發現新的經驗，他們會充滿熱情地去做這些事情。實用性與情緒上的連結會造成一些問題。

射手座 VS 摩羯座｜可能會是不錯的關係，因為摩羯座的務實，可以讓射手座的過度行為落實下來，射手座伴侶則會欣賞摩羯座的野心。

射手座 VS 水瓶座｜這是組很有願景的組合，兩個人都是目標導向，也願意開發新的想法，這是一組有樂趣的組合。

射手座 VS 雙魚座 | 彼此之間有吸引力，但是，必須做一些妥協。在外向、隨興所至的射手座能量與含蓄害羞的雙魚座之間，需要找到平衡。

射手座 VS 牡羊座 | 有很多相同點，會是高能量的一對，他們會享受一起參與的活動。由於射手座的直率和牡羊座總是喜歡搶先，因此兩人的關係非常驚險且有一些波動，但總體來說是不錯的配對。

射手座 VS 金牛座 | 有一些挑戰需要克服，因為被動與穩定的金牛座，會使能量充滿的射手座感到挫折。不過，金牛座可以為有時候輕浮的射手座，帶來腳踏實地與常規，而射手座可以為這個組合帶來一些隨興所至與樂觀主義。

射手座 VS 雙子座 | 會一起製造很多樂趣的組合，雖然可能會有點不穩定，畢竟兩人都喜歡變化。他們都喜歡做智力探索與辯論，也都有很強的幽默感。這是一段輕鬆好玩的關係。

射手座 VS 巨蟹座 | 會遇到一些挑戰，因為這個組合是敏感、情緒化的巨蟹座與直率坦白不敏感但好玩的射手座。雙方都意志堅定，因此，如果兩人之間存在著吸引力，那麼他們會傾向於想辦法相處。

射手座 VS 獅子座 | 狂野、熱情且充滿樂趣的一對，他們很有可能白頭到老，尤其是如果射手座能夠控制可能傷害獅子座驕傲的殘酷誠實。

射手座 VS 處女座｜在智力上具有速配度，但情緒上極為不同的一組奇怪組合。因為處女座矜持而內向，一般來講，射手座則是外向的，這一對可能需要時間來改善關係。

射手座 VS 天秤座｜充滿樂趣與社交刺激的一對。如果天秤座可以不要太在乎射手座的不修邊幅，那麼這一對就可以相處得不錯。

射手座 VS 天蠍座｜可能有點挑戰度，因為射手座喜歡自由，缺乏天蠍座的情緒強度。然而，兩人會發現彼此很迷人，所以隨著時間的推移可以解決差異。

從相位看速配度

在關係中，兩張星盤裡行星之間的相位，也必須考慮進去。這也一樣適用於不同行星與軸點的相位，不只是指太陽。

以下是一般的應用，請注意，這裡面沒有好或壞，在關係裡面，對我們形成挑戰的人，只要是健康的挑戰，都可以推動我們成長與發展。

行星位於相鄰的兩個星座裡，會很難「看見」彼此，因為兩個星座在日夜間區分、元素以及三態都不一樣。

行星所在的星座，彼此有六分相，那是和諧的，因為他們分享著日間或夜間能量。

行星所在的星座，彼此有四分相，就會有比較多挑戰，因為他們一個是日間能量，一個是夜間能量，雖然他們同享相同的三態。

行星所在的星座，彼此有三分相，他們會是和諧的，因為他們享有相同的元素，以及相同的日間或夜間能量。

行星所在的星座，彼此有補十二分相（150°），則會比較有挑戰性，因為他們一個是日間能量，一個是夜間能量，在元素與三態上，速配度較低。

行星位於相反兩極的星座裡，他們會有相同的三態，雙方不是一樣夜間，就是一樣是日間，但是，在元素上會有一點點不速配，不過，這兩個行星通常可以互補彼此相反的力量。

🌑 戀愛中的摩羯座

摩羯座墜入情網的速度很慢，他們比較喜歡先當朋友，但是，一旦戀情開始發展起來，他們會穩定且全心全意地創造與伴侶的生活。他們需要有個人能夠理解他們在建立安全的財務基礎和職業生涯上的努力。他們在情感上總是沒有那麼溫暖，特別是在關係的早期。

愛的配對

摩羯座 VS 摩羯座｜兩人可以相處得不錯，因為他們可以一起分享目標、相同的工作倫理以及內斂的天性。這有可能會是穩

定而長期的關係。

摩羯座 VS 水瓶座｜在一起有能力面對挑戰，因為摩羯座喜歡堅定的目標與計畫，而水瓶座是非常自由的靈魂，喜歡長期的目標，不要有個確定的計畫在那裡。兩個人都很有決心，這可以使他們達成妥協。

摩羯座 VS 雙魚座｜是不錯的配對夥伴，因為摩羯座會帶來實用性，而雙魚座則帶來創意與情緒上的支持。

摩羯座 VS 牡羊座｜並不是最輕鬆的組合，因為摩羯座是個有耐心的建造者，且喜歡穩定。而牡羊座喜歡動態的行動且很衝動，但是這一對如果不要試圖去控制對方，是很有可能成功的。

摩羯座 VS 金牛座｜在生命中大部分的領域，具有相同的價值觀，是非常棒的一對。摩羯座的野心與金牛座的宅傾向，這樣的組合很不錯，兩個人相當速配。

摩羯座 VS 雙子座｜含蓄的穩定配上不穩定的社交性，意味著兩個人很不同。如果兩個人能從彼此身上學習而非批評，他們就可以找到一個平衡點，彼此尊重與了解。

摩羯座 VS 巨蟹座｜這是個混合包。可以是一種忠誠的伙伴關係，雙方都需要安全和穩定的家庭，但巨蟹座需要很多感情，摩羯座必須有意識地選擇將感情表現出來。關鍵是要找到平衡點。

摩羯座 VS 獅子座｜兩人一樣固執，如果兩個人之間有吸引力的存在，則表示兩個人會努力調整。摩羯座比較含蓄且悲觀，獅子座比較外向且樂觀，他們可以從對方那裡學習彼此的不同。

摩羯座 VS 處女座｜腳踏實地與矜持含蓄的一對，兩人非常速配。他們都喜歡穩定，也喜歡勤奮工作。

摩羯座 VS 天秤座｜看起來是相當不同的一對。摩羯座穩定、保守且是一個節省的人，而天秤座外向且愛花錢。不過，這些差異並非無法協調。

摩羯座 VS 天蠍座｜兩人是好搭檔，彼此會將對方最好的品質帶出來。兩個人會有相同的工作方式與目標，這會使兩人相處得不錯。

摩羯座 VS 射手座｜彼此之間的差異，可以跟對方互補，雖然兩個人處理事情的方式似乎完全相反，摩羯座會謹慎小心的處理，而射手座處理每件事情都很魯莽。

✦ 戀愛中的水瓶座

戀愛中的水瓶座會給出承諾且非常細心，但並不深情。他們需要一段時間才能達到願意給出承諾的地步。水瓶座很聰明。還會想要與伴侶對一些宏大的想法長談。他們內在很有自信，這點非常吸引人。

愛的配對

水瓶座 VS 水瓶座｜都是用頭腦在相處，他們在情感上疏離，以致於這種關係只有少許的情感深度。不過，他們可能也會覺得友誼多過其他部分也無所謂。

水瓶座 VS 雙魚座｜這是個不尋常的組合，水瓶座是理性思考者，而雙魚座則偏重直覺與靈性，這點會帶來挑戰，因為雙魚座的情感需求可能無法被滿足。不過，雙方都是很堅定的人道主義者，這會把兩個人拉在一起。

水瓶座 VS 牡羊座｜會發現彼此都很刺激，是不錯的配對，他們對未來抱持著樂觀，他們會分享很多的幽默感。

水瓶座 VS 金牛座｜之間有很多差異，不太像會配對，但是，兩個人都有持久力，這可以建立一種將他們拉在一起的刺激關係。

水瓶座 VS 雙子座｜心智上棋逢敵手，是很有動力的一對。他們的組合會充滿樂趣、多采多姿以及活潑的社交生活。

水瓶座 VS 巨蟹座｜水瓶座疏離的情緒狀態很可能無法滿足具有極大情感需求的巨蟹座人。這意味著兩人需要常常針對彼此的差異來溝通，兩人的關係才能走得久。

水瓶座 VS 獅子座｜有很多歧異的地方，但這並不會阻止他們這段關係充滿刺激與興奮，這會使他們能在一起很久，並找到平衡點。

水瓶座 VS 處女座｜是一對智性的組合，彼此可以截長補短。處女座可以學著擁抱一些混亂，水瓶座則學習更有組織一點。

水瓶座 VS 天秤座｜很可愛的組合，他們會一起享受不錯的社交生活與心智激盪。

水瓶座 VS 天蠍座｜困難且激烈的組合，如果水瓶座伴侶學習展現一些情意，而天蠍座學著信任他的伴侶，這段關係就能夠維持。

水瓶座 VS 射手座｜很有樂趣的組合，兩人會一起享受冒險。

水瓶座 VS 摩羯座｜不太輕鬆的組合，如果雙方下決心化解彼此的差異，兩人就可以相處。其中一個主要差異是魔羯座喜歡穩定與安全感，但是對水瓶座來講，那不是他的優先要務。

☽ 戀愛中的雙魚座

戀愛中的雙魚座所尋找的愛，是具有高度靈性與直覺的連結。他們很愛去愛他們的伴侶，會讓伴侶覺得他們是這個世界上最特別的人，因為對雙魚座人而言，他們的伴侶就是如此特別。他們溫和且具有敞開心胸的靈魂，那會使他們被那些比較不敏感的人所傷。

愛的配對

雙魚座 VS 雙魚座｜是相當好的配對，他們一起在他們夢想中的世界裡，可能永遠都不會實際完成任何事情。

雙魚座 VS 牡羊座｜如果牡羊座學會耐心地與他們愛作夢的伴侶相處，那麼雙魚座與牡羊座的配對就可行。如果他們真的在一起了，雙魚座會非常非常支持牡羊座。

雙魚座 VS 金牛座｜是不錯的配對，因為雙方會分享浪漫與忠誠的愛，金牛座提供腳踏實地的態度，雙魚座則在他們的生活中充滿了想像力。

雙魚座 VS 雙子座｜應力都很強，他們可能可以藉由溝通，幫助他們跨越一些彼此相當大的差異。雙魚座想要重要的情感聯繫，而雙子座喜歡保持輕鬆。

雙魚座 VS 巨蟹座｜是很相愛、很浪漫的一對，他們幾乎是以一種心靈相契的方式在一起。

雙魚座 VS 獅子座｜這配對具有很多可能性。如果獅子座沉浸在雙魚座的愛與愛慕之中，避免任何想要掌控的慾望，並且努力理解雙魚座感性的本質。雙魚座與處女座是相反的兩個星座，彼此不是互相吸引就是彼此相斥。關鍵是要將雙魚座愛做夢及浪漫的本質，與處女座的務實性整合起來。

雙魚座 VS 天秤座｜這是很有創意與愛的一對，如果雙方可以克服天秤座需要社交以及雙魚座要多留在家裡的需求，那就沒

問題了。

雙魚座 VS 天蠍座 ｜ 是很神奇的一對，他們有深刻的情緒連結，會為這兩個敏感的星座帶來很強大的安全感。

雙魚座 VS 射手座 ｜ 都很有彈性，喜歡聚焦在信念與信仰的哲學領域，如果他們可以平衡雙方的內向與外向本質，就可以在一起。

雙魚座 VS 摩羯座 ｜ 是世俗與夢想的奇妙混合體，混合得好，就可以好好相處。

雙魚座 VS 水瓶座 ｜ 若可以在水瓶座情緒疏離的風格與雙魚座的情緒敏感之間，做出妥協，就可相處得好。

占星學是一門永無止盡的奇妙主題，永遠都有更多東西值得學習。小心使用本書，使用更多具有包容性的方法與語言，你會有能力深度理解你的星盤。

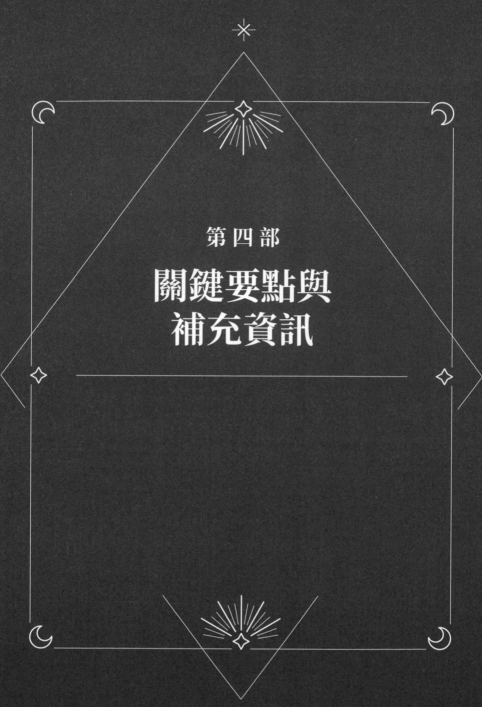

第四部

關鍵要點與
補充資訊

第十三章
總結

傳統上，有性別區分的占星學用語奠基於父權神話，並且符合二元性的原型。土星即為其中一個重要的例子。在神話中，土星是農業、財富與世代之神，土星的統治被描述為豐盛與富裕的年代。這些特質都非常陰性（或說女性），然而，土星在大部分的占星學中被描述成非常男性的能量。

另一個例子：代表摩羯座的符號，一隻海山羊，常常被畫成山羊，排除掉非常陰性的魚尾巴（「海山羊」中「海」的部分），顯得比較陽性。

如果上述內容令人困惑，這也無可厚非，我認為這是因為父權社會重男輕女，以至於傳統占星學的解釋，所使用的大部分語言都變得二元化且偏頗。

在我們的占星學解讀的神話原型之中，女性屬性的女神通常被畫成惡魔、記仇或乏味的麻煩製造者。相反的，男性神總是會化身為英雄或是領導者。我不完全相信神話是這樣開始的，而且，有很多人努力做更多細緻的描繪。

我知道有一件事情是確定的，那就是神話故事是創造來展現人

類天性的某些部分。在父權系統下生活了數千年之後，我們可以看到二元性如何反映在我們傳述的故事之中。我們人類需要確定性與定義，我們可從中看到有限性與兩極性，在現實之中可能存在著連結與整合。

因此，是時候該把男性描述成善與光，把女性描述成邪惡與黑暗的這種語言，完全改變過來了。新的語言認為在男性與女性之中，都同時存在著好與壞的品質，並且在定義一個人時保留一些空間，不是歸類成其中之一。

使用這種新語言時，當你在看一張星盤，就會以整體的觀點，把自己視為一個擁有不同特質的個體，而非「好」或「壞」，就只是不同。

隨著現代占星學的到來，占星師們已經不使用「好」與「壞」的字眼，但是，我們必須更進步一點，連「男性」與「女性」這種用詞也放棄。這會使我們對一張星盤，打開整體的新理解。

因此，這本書邀請你踏入一個更具有創意與想像力的空間，去感受貫穿所有生物的連結網，包括宇宙。去感受一切的脈衝、吸氣和吐氣，所有處於其多樣性和非線性中的事物。這本書邀請你去感受，我們幾千年來，一直在占星學空間中的交纏而非分離。

最近的占星學世紀，是雙魚世紀與牡羊世紀，在本質上都是父權的，重視日間能量超過夜間。在所有神話與主題中所使用的語言，就像占星學所反映出來的本質，重視外向、「做」的能

量超過接受與直覺的能量。

沒有人知道,占星學的水瓶世紀會帶來什麼,不過,水瓶座這個星座,代表著交纏與連結。其符號代表波,可能是量子波理論、精神波或能量波。這個星座的共同主管者是土星與天王星,代表著古代與超現代、保守與創新的奇妙組合。水瓶座也是群體的能量,連結的另一種形式,代表人道主義、人權與事業。水瓶座具有遠見與未來感。

當我們站在新的占星學世紀的門口,很適合我們開始以新的方式、更具有包容性與有交集的方式,去審視占星學的語言以及如何去理解占星學。當然,行星的移動與週期是不變的,但是,就像我這整本書中所說,是我們的觀念和語言要改變。在希臘哲學裡,Logos(希臘文中的「word」,即文字、語言)背後的概念,是貫穿整個井然有序的宇宙神聖法則,這說明了,語言長期以來一直被用來理解我們不理解的東西。因此,我們現在必須以不同的方式思考,使用不同的語言進入新時代。

這本書就在邀請你,以不同的方式思考,並且開始感受你內在活生生的宇宙,也邀請你讓日與夜的能量進駐內在。

本書是為每一個人所寫的。

專有名詞釋義

風象星座：雙子座、天秤座、水瓶座。

軸點（Angles）：上升點（ASC）、下降點（DSC）、中天（MC）、天底（IC）。這些點個別等於第一宮、第七宮、第十宮與第四宮的宮頭。

上升點（ASC）：第一宮宮頭，也是大家所熟知的上升星座。這是你出生那一刻，在東方地平線升起的那一點。

相位：在本命盤上，兩個點之間的角度關係。

小行星：環繞太陽運行的小岩石物體。

本位星座（Cardinal Signs）：牡羊座、巨蟹座、天秤座、摩羯座。

界線（Cusp）：在本命盤上，一個宮位的起始處，或是一個星座的結束與另一個星座開始的地方。

區間（Decans）：將每一個星座再細分成每 10° 一個區間。

下降點：本命盤上的第七宮宮頭，在上升點的正對面。

廟（Dominion）：行星位於他最強的位置。

土象星座：金牛座、處女座、摩羯座。

黃道（Ecliptic）：在天空中想像出來的一條線，標示出太陽每年的行進路線，是地球繞行軌道的投射，也標示出日蝕發生的那條線。

元素：火、土、風與水。

火象星座：牡羊座、獅子座、射手座。

固定星座（Fixed Signs）：金牛座、獅子座、天蠍座、水瓶座。

符號圖象（Glyphs）：用於占星學上星座、行星、發光體與相位的象徵符號。

半球（Hemisphere）：一個平面或線，將天球垂直地或水平地一分為二。

宮位（House）：本命盤劃分成十二個區域，每一個區域都掌管著生命中不同的領域。

發光體（Luminaries）：太陽與月亮。

中天（Midheaven）：本命盤上第十宮的宮頭。是出生那一刻，在黃道中最高的點，也是本命盤中最宮開的領域。

變動星座（Mutable Signs）：雙子座、處女座、射手座、雙魚座。

互容（Mutual Reception）：兩顆行星各自所在的位置，是對方掌管的星座。

交點（Node）：月亮或另一個行星，穿越黃道時產生的兩個點。

容許度（ORB）：在相位度數間，與精準度數之間距離的度數。

個人行星：內行星以及發光體，對個人會有更直接的影響力——太陽、月亮、水星、金星與火星。

主管行星（Rulers）：行星主管個別的星座。

逆行（Retrograde）：從地球的觀點看，行星明顯的往後退行。

太陽星座：出生時，太陽所在的星座。

行運（Transit）：行星目前運行的狀態與星盤之間的關係。

水象星座：巨蟹座、天蠍座、雙魚座。

太陽星座表

星座	符號	大約的日期	主管星	能量
牡羊座	♈	3/21 ~ 4/20	火星	日／吸入
金牛座	♉	4/21 ~ 5/20	金星	夜／吐出
雙子座	♊	5/21 ~ 6/20	水星	日／吸入
巨蟹座	♋	6/21 ~ 7/20	月亮	夜／吐出
獅子座	♌	7/21 ~ 8/20	太陽	日／吸入
處女座	♍	8/21 ~ 9/20	水星	夜／吐出
天秤座	♎	9/21 ~ 10/20	金星	日／吸入
天蠍座	♏	10/21 ~ 11/20	火星 – 傳統 冥王星 – 現代	夜／吐出
射手座	♐	11/21 ~ 12/20	木星	日／吸入
摩羯座	♑	12/21 ~ 1/20	土星	夜／吐出
水瓶座	♒	1/21 ~ 2/20	土星 – 傳統 天王星 – 現代	日／吸入
雙魚座	♓	2/21 ~ 3/20	木星 – 傳統 海王星 – 現代	夜／吐出

主要相位表

行星所在星座	對分相星座	四分相星座	六分相星座	三分相星座
牡羊座	天秤座	巨蟹座，摩羯座	雙子座，水瓶座	獅子座，射手座
金牛座	天蠍座	獅子座，水瓶座	巨蟹座，雙魚座	處女座，摩羯座
雙子座	射手座	處女座，雙魚座	獅子座，牡羊座	天秤座，水瓶座
巨蟹座	摩羯座	牡羊座，天秤座	處女座，金牛座	天蠍座，雙魚座
獅子座	水瓶座	金牛座，天蠍座	雙子座，天秤座	牡羊座，射手座
處女座	雙魚座	雙子座，射手座	巨蟹座，天蠍座	金牛座，摩羯座
天秤座	牡羊座	巨蟹座，摩羯座	獅子座，射手座	雙子座，水瓶座
天蠍座	金牛座	獅子座，水瓶座	處女座，摩羯座	巨蟹座，雙魚座
射手座	雙子座	處女座，雙魚座	天秤座，水瓶座	牡羊座，獅子座
摩羯座	巨蟹座	牡羊座，天秤座	天蠍座，雙魚座	金牛座，處女座
水瓶座	獅子座	金牛座，天蠍座	牡羊座，射手座	雙子座，天秤座
雙魚座	處女座	雙子座，射手座	金牛座，摩羯座	巨蟹座，天蠍座

行星表

	廟（主管星座）	旺	陷	弱	日或夜
太陽	獅子座	牡羊座	水瓶座	天秤座	日
月亮	巨蟹座	金牛座	摩羯座	天蠍座	夜
水星	雙子座與處女座	處女座	射手座與雙魚座	雙魚座	雙子座——日 處女座——夜
金星	金牛座與天秤座	雙魚座	牡羊座與天蠍座	處女座	金牛座——夜 天秤座——日
火星	牡羊座與天蠍座	摩羯座	天秤座與金牛座	巨蟹座	牡羊座——日 天蠍座——夜
木星	射手座與雙魚座	巨蟹座	雙子座與處女座	摩羯座	射手座——日 雙魚座——夜
土星	摩羯座與水瓶座	天秤座	巨蟹座	牡羊座	摩羯座——夜 水瓶座——日
天王星	水瓶座	天蠍座	獅子座	金牛座	日
海王星	雙魚座	巨蟹座	處女座	摩羯座	夜
冥王星	天蠍座	獅子座	金牛座	水瓶座	夜

區間表

星座	第一個區間 0~9°	第二個區間 10~19°	第三個區間 20~29°
牡羊座	火星／牡羊座	太陽／獅子座	木星／射手座
金牛座	金星／金牛座	水星／處女座	土星／摩羯座
雙子座	水星／雙子座	金星／天秤座	土星與天王星／ 水瓶座
巨蟹座	月亮／巨蟹座	火星與冥王星／ 天蠍座	木星與海王星／ 雙魚座
獅子座	太陽／獅子座	木星／射手座	火星／牡羊座
處女座	水星／處女座	土星／摩羯座	金星／金牛座
天秤座	金星／天秤座	土星與天王星／ 水瓶座	水星／雙子座
天蠍座	火星與冥王星／ 天蠍座	木星與海王星／ 雙魚座	月亮／巨蟹座
射手座	木星／射手座	火星／牡羊座	太陽／獅子座
摩羯座	土星／摩羯座	金星／金牛座	水星／處女座
水瓶座	土星與天王星／ 水瓶座	水星／雙子座	金星／天秤座
雙魚座	木星與海王星／ 雙魚座	月亮／巨蟹座	火星與冥王星／ 天蠍座

進階閱讀建議書單

Astrology for the Soul，作者：Jan Spiller

The Secret Language of Birthday
作者：Gary Goldschneider、Jooset Elffers.

The Inner Sky: How to Make Wiser Choices for a More Fulfilling Life，作者：Steven Forrest

Modern Astrology，作者：Althea Press

Mysteries of the Dark Moon: The Healing Power of the Dark Goddess，作者：Demetra George

人名索引

Carl Jung	卡爾・榮格
Catherine de Medicis	凱瑟琳・德・麥蒂奇
Ceres	瑟瑞絲
Charles V	查理五世
Dalai Lama	達賴喇嘛
Dane Rudhyar	丹恩・魯海爾
Danny Glover	丹尼・葛洛佛
David Bowie	大衛・鮑伊
David Lynch	大衛・林區
Demi Lovato	黛咪・洛瓦托
Denzel Washington	丹佐・華盛頓
Donald Regan	唐諾・雷根
Donald Trump	川普
Dr. Seuss	蘇斯博士
Drake	德瑞克
Dwayne 「The Rock」Johnson	巨石強森
Ellen DeGeneres	艾倫・狄珍妮
Ellen Page	愛倫・佩吉
Elton John	艾爾頓・強
Elvis Presley	貓王艾維斯・普雷斯理
Franklin D. Roosevelt	富蘭克林・羅斯福
Fred Rogers，Mr. Rogers	弗雷德・羅傑斯
Freddie Mercury of Queen	皇后合唱團的弗雷迪・墨裘瑞
Gene Wilder	金・懷德
George Clooney	喬治・克隆尼
George Harrison	喬治・哈里森
George Michael	喬治・麥可
George W. Bush	喬治・布希
Gianni Versace	吉安尼・凡賽斯
Hans Christian Andersen	安徒生
Harry Styles	哈利・斯泰爾斯
Harvey Milk	哈維・米爾克

Hedy Lamarr	海蒂‧拉瑪
Hermes	赫密士
Hugh Hefner	休‧海夫納
J.P. Morgan	摩根
James Baldwin	詹姆士‧保德溫
Jamie Foxx	傑米‧福克斯
Jamie Lee Curtis	潔美‧李‧寇蒂斯
Jane Fonda	珍‧芳達
Jason Holley	傑森‧霍利
Jay——Z	傑斯
Jeff Bezos	傑夫‧貝佐斯
Jennifer Aniston	珍妮佛‧安妮斯頓
Jimi Hendrix	吉米‧罕醉克斯
Jodie Foster	茱蒂‧佛斯特
John Addey	約翰‧艾迪
John F. Kennedy	約翰‧甘迺迪
John Gotti	約翰‧高蒂
John Lennon	約翰‧藍儂
John Travolta	約翰‧屈伏塔
Jon Hamm	喬‧漢姆
Joseph Stalin	約瑟夫‧史達林
Julia Roberts	茱莉亞‧羅伯茲
Juno	朱諾
Justin Timberlake	賈斯汀‧提姆布萊克
Keanu Reeves	基努‧李維
Kenan Thompson	肯南‧湯普森
Kristen Stewart	克莉絲汀‧史都華
Kurt Cobain	寇特‧柯本
Lady Gaga	女神卡卡
Laverne Cox	拉薇安‧考斯克
Leonardo da Vinci	達文西
Leonardo Dicaprio	李奧納多‧狄卡皮歐

Lily Tomlin	莉莉‧湯琳
Lisa Bonet	麗莎‧波奈
Madonna	瑪丹娜
Magic Johnson	魔術強生
Mahatma Gandhi	甘地
Malala Yousafzai	馬拉拉‧尤賽夫沙
Marilyn Monroe	瑪莉蓮‧夢露
Mark Zuckerberg	馬克‧祖克伯
Martin Luther King	馬丁‧路德‧金恩
Martina Navratilova	娜拉提洛娃
Mary J. Blige	瑪莉‧布萊姬
Meryl Streep	梅莉‧史翠普
Michael Flatley	麥可‧佛萊利
Michael Jackson	麥可‧傑克
Michael Jordan	麥可‧喬丹
Michelle Obama	蜜雪兒‧歐巴馬
Miley Cyrus	麥莉‧希拉
Missy Elliott	梅西‧埃利奧特
Mother Teresa	德雷莎修女
Muhammad Ali	穆罕默德‧阿里
Nancy Pelosi	南西‧佩洛西
Nelson Mandela	納爾遜‧曼德拉
Nicki Minaj	妮基‧米娜
Nostradamus	諾斯特拉達姆斯
Oprah Winfrey	歐普拉
Oscar Wilde	奧斯卡‧王爾德
Pablo Picasso	畢卡索
Pallas Athena	雅典娜
Paul McCartney	保羅‧麥凱尼
Pink	粉紅佳人
Prince	王子
Prince Harry	哈利王子

Princess Diana	黛安娜王妃
Prometheus	普羅米修斯
Ptolemy	托勒密
Queen Elizabeth II	伊莉莎白女王二世
Raven——Symoné	雷文・西蒙尼
Ricky Martin	瑞奇・馬丁
Rihanna	雷哈娜
Robert Hand	羅伯特・漢德
Robert Redford	勞勃・瑞福
Robin Williams	羅賓・威廉斯
Ronald and Nancy Reagan	隆納與南西・雷根
RuPaul	魯保爾
Rupaul Lenardo Dicaprio	魯保爾・萊昂納多・迪卡普里奧
Ruth Bader Ginsburg	露絲・貝格・金斯伯格
Sally Field	莎莉・菲爾德
Sam Smith	山姆・史密斯
Samantha Fox	薩曼莎・福克斯
Serena Williams	小威廉絲
Stephen Fry	史蒂芬・佛萊
Steve Jobs	史帝夫・賈伯斯
Stevie Wonder	史帝夫・汪達
Taylor Swift	泰勒絲
Theodore Roosevelt	西奧多・羅斯福
Tim Cook	提姆・庫克
Tina Turner	蒂娜・透納
Tom Cruise	湯姆・克魯斯
Tommy Hilfiger	湯米・席爾菲格
Trevor Noah	崔佛・諾亞
Tyra Banks	泰拉・班克斯
Vanderbilt	范德比家族
Venus Williams	大威廉絲
Vestal Virgins	維斯塔貞女

Walt Disney	華德·迪士尼
Wanda Sykes	汪達·賽克斯
Whitney Houston	惠妮·休斯頓
Whoopi Goldberg	琥碧·戈柏
Will Smith	威爾·史密斯
William Herschel	威廉·赫雪爾
Woody Allen	伍迪·艾倫

BF6048
占星學全指引：了解你的星座與星盤，初學與進階必備案頭書

原著書名／The Complete Guide to Astrology
作者／露易絲・愛丁頓 (Louise Edington)　　　　　　責任編輯／韋孟岑
譯者／Jade

版　　權／黃淑敏、吳亭儀、江欣瑜
行銷業務／黃崇華、賴正祐、周佑潔、張娸茜
總 編 輯／何宜珍
總 經 理／彭之琬
事業群總經理／黃淑貞
發 行 人／何飛鵬
法律顧問／元禾法律事務所 王子文律師
出　　版／商周出版
　　　　　台北市南港區昆陽街 16 號 4 樓
　　　　　電話：(02) 2500-7008　傳眞：(02) 2500-7579
　　　　　E-mail：bwp.service@cite.com.tw
　　　　　Blog：http://bwp25007008.pixnet.net./blog
發　　行／英屬蓋曼群島商家庭傳媒股份有限公司城邦分公司
　　　　　台北市南港區昆陽街 16 號 8 樓
　　　　　書虫客服專線：(02)2500-7718、(02) 2500-7719
　　　　　服務時間：週一至週五上午 09:30-12:00；下午 13:30-17:00
　　　　　24 小時傳眞專線：(02) 2500-1990；(02) 2500-1991
劃撥帳號／19863813　戶名：書虫股份有限公司
　　　　　讀者服務信箱：service@readingclub.com.tw
　　　　　城邦讀書花園：www.cite.com.tw
香港發行所／城邦（香港）出版集團有限公司
　　　　　香港九龍土瓜灣土瓜灣道 86 號順聯工業大廈 6 樓 A 室
　　　　　電話：(852) 25086231 傳眞：(852) 25789337
　　　　　E-mail：hkcite@biznetvigator.com
馬新發行所／城邦 (馬新) 出版集團【Cité (M) Sdn. Bhd】
　　　　　41, Jalan Radin Anum, Bandar Baru Sri Petaling,
　　　　　57000 Kuala Lumpur, Malaysia.
　　　　　電話：(603)90578822　傳眞：(603)90576622
　　　　　E-mail：cite@cite.com.my
美術設計／海流設計
印　　刷／卡樂彩色製版印刷有限公司
經 銷 商／聯合發行股份有限公司
　　　　　電話：(02)2917-8022　傳眞：(02)2911-0053

線上版讀者回函卡

■ 2022 年 05 月 08 日初版
■ 2024 年 05 月 14 日初版 2 刷
定　　價 380 元

Print in Taiwan
著作權所有，翻印必究

ISBN：978-626-318-227-1
ISBN：978-626-318-230-1（EPUB）
THE COMPLETE GUIDE TO ASTROLOGY by LOUISE EDINGTON
Copyright: © 2020 by Rockridge Press, Emeryville, California
First Published in English by Rockridge Press, an imprint of Callisto Media, Inc.
This edition arranged with CALLISTO MEDIA, INC.
through BIG APPLE AGENCY, INC., LABUAN, MALAYSIA.
Traditional Chinese edition copyright:
2022 Business Weekly Publications, A Division of Cite Publishing Ltd.
All rights reserved.

城邦讀書花園
www.cite.com.tw

國家圖書館出版品預行編目 (CIP) 資料

占星學全指引：了解你的星座與星盤，初學與進階必備案頭書 / 露易絲 . 愛丁頓 (Louise Edington) 著 ; Jade 譯 . -- 初
版 . -- 臺北市 : 商周出版 : 英屬蓋曼群島商家庭傳媒股份有限公司城邦分公司發行 , 民 111.05
240 面 ; 14.8×21 公分
譯自 : The complete guide to astrology : understanding yourself, your signs, and your birth chart
ISBN 978-626-318-227-1(平裝)

1.CST: 占星術

292.22　　　111003753